Rejillas de cristal

*Desvelando el poder secreto de los cristales
y la geometría sagrada*

© Copyright 2022

Todos los derechos reservados. Ninguna parte de este libro puede ser reproducida de ninguna forma sin el permiso escrito del autor. Los revisores pueden citar breves pasajes en las reseñas.

Descargo de responsabilidad: Ninguna parte de esta publicación puede ser reproducida o transmitida de ninguna forma o por ningún medio, mecánico o electrónico, incluyendo fotocopias o grabaciones, o por ningún sistema de almacenamiento y recuperación de información, o transmitida por correo electrónico sin permiso escrito del editor.

Si bien se ha hecho todo lo posible por verificar la información proporcionada en esta publicación, ni el autor ni el editor asumen responsabilidad alguna por los errores, omisiones o interpretaciones contrarias al tema aquí tratado.

Este libro es solo para fines de entretenimiento. Las opiniones expresadas son únicamente las del autor y no deben tomarse como instrucciones u órdenes de expertos. El lector es responsable de sus propias acciones.

La adhesión a todas las leyes y regulaciones aplicables, incluyendo las leyes internacionales, federales, estatales y locales que rigen la concesión de licencias profesionales, las prácticas comerciales, la publicidad y todos los demás aspectos de la realización de negocios en los EE. UU., Canadá, Reino Unido o cualquier otra jurisdicción es responsabilidad exclusiva del comprador o del lector.

Ni el autor ni el editor asumen responsabilidad alguna en nombre del comprador o lector de estos materiales. Cualquier desaire percibido de cualquier individuo u organización es puramente involuntario.

Tabla de contenidos

INTRODUCCIÓN 1
CAPÍTULO 1: EXPLICACIÓN DE LA SANACIÓN CON CRISTALES 3
CAPÍTULO 2: ¿QUÉ ES UNA REJILLA DE CRISTAL? 12
CAPÍTULO 3: CRISTALES Y OTRAS HERRAMIENTAS PARA EL TRABAJO EN REJILLA 21
CAPÍTULO 4: CREAR SU PRIMERA REJILLA DE CRISTAL 32
CAPÍTULO 5: REJILLAS DE CRISTAL PARA EL AMOR Y LAS RELACIONES 40
CAPÍTULO 6: REJILLAS DE CRISTAL PARA EL DINERO Y LA CARRERA PROFESIONAL 49
CAPÍTULO 7: REJILLAS DE CRISTAL PARA LA SALUD Y LA SANACIÓN 59
CAPÍTULO 8: REJILLAS DE CRISTAL PARA EL DESARROLLO PSÍQUICO Y LA PROTECCIÓN 69
CAPÍTULO 9: REJILLAS DE CRISTAL PARA LA COMUNICACIÓN CON LOS ESPÍRITUS 77
CAPÍTULO 10: REJILLAS DE CRISTAL PARA EL HOGAR 85
CAPÍTULO 11: USOS Y MANTENIMIENTO DE LA REJILLA DE CRISTAL 95
APÉNDICE: CRISTALES DE LA A A LA Z Y SUS PROPIEDADES 101
CONCLUSIÓN 108
VEA MÁS LIBROS ESCRITOS POR SILVIA HILL 110
REFERENCIAS 111

Introducción

El uso de rejillas de cristal con fines curativos se introdujo por primera vez en la década de 1980. Esta práctica tiene sus raíces en creencias, tradiciones y estudios que se remontan a varios siglos atrás. Numerosos monumentos majestuosos de todo el mundo han influido en las prácticas curativas holísticas actuales. Los artífices de estas estructuras megalíticas conocían sin duda el poder curativo que poseen las piedras. Los antiguos filósofos reconocieron el significado de la colocación de las piedras y cómo esta estaba vinculada al sol, la luna y las estrellas.

Los investigadores actuales sugieren que estos monumentos se utilizaban para rituales y otras prácticas espirituales y curativas. Se creía que, utilizando estas piedras, se podía conectar con la energía central de la Tierra. También se dice que los antiguos utilizaban los cristales para conectarse con las energías del universo. No solo prestaban atención a la colocación de los cristales, sino también a la ubicación de los propios monumentos. Realizaban cálculos complejos y tenían en cuenta los puntos de vórtice, que vinculan la arquitectura antigua con la geometría sagrada. Este libro trata en profundidad el concepto de geometría sagrada. Tras leer los primeros capítulos, comprenderá cómo la geometría sagrada desempeñó un papel clave en la creación del universo y cómo está relacionada con los patrones básicos de la vida. Descubrirá cómo puede beneficiarse de este concepto y utilizarlo en su beneficio.

Los capítulos siguientes también ilustran la conexión entre la geometría sagrada y las rejillas de cristales. Comprenderá cómo la disposición de las piedras curativas en un patrón simbólico específico puede ayudarle a potenciar los cuatro aspectos principales de su bienestar y mejorar la calidad de su vida. Las rejillas de cristal son un desarrollo que tiene su origen en los antiguos monumentos megalíticos que hemos mencionado anteriormente. Basándose en las tradiciones de la geometría sagrada y en las propiedades metafísicas de los cristales, esta práctica espiritual ha evolucionado enormemente a lo largo de los siglos. Probablemente ya sepa que cada piedra curativa tiene sus poderosas propiedades. Ahora, imagine cómo la combinación del poder de varios cristales curativos con la potencia de la geometría sagrada puede transformar su vida. El poder de una sola piedra curativa se amplifica en el contexto de una rejilla. Esta sencilla práctica puede permitirle manifestar sus deseos y crear la realidad que ha soñado.

Aunque hay formas más sencillas de utilizar las piedras curativas, las rejillas de cristales pueden ayudarle a obtener los resultados deseados y a alcanzar sus intenciones. Normalmente, la complejidad de la práctica depende de la propia rejilla y de cómo se dispongan los cristales en ella. También depende de si utiliza una forma geométrica preimpresa o una tarjeta de rejilla de cristal para guiarle en el proceso. Afortunadamente, este libro es perfecto para principiantes porque incluye instrucciones paso a paso para crear una rejilla de cristales. Comprenderá qué cristales debe utilizar en función de sus intenciones y el resultado deseado. Desde el amor, las relaciones, la riqueza y el éxito, hasta el desarrollo psíquico y la comunicación con los espíritus, encontrará métodos prácticos para crear una rejilla de cristales para cada propósito. ¡Entremos de lleno en el enigmático mundo de las rejillas de cristal sin más preámbulos!

Capítulo 1: Explicación de la sanación con cristales

Los cristales se han utilizado desde el inicio de los tiempos con múltiples fines. Nuestras antiguas civilizaciones reconocieron el valor de estas formaciones rocosas de origen natural y las incorporaron a sus vidas. Utilizaban los cristales en ceremonias, rituales para realzar la belleza y con fines curativos. Tras varias revoluciones industriales, la atención pasó a centrarse en el valor estético y material de las piedras. Recientemente, sin embargo, muchas personas han empezado a redescubrir las propiedades espirituales de los cristales. Este capítulo le revelará cómo funciona la curación con cristales y los beneficios que puede obtener de estas piedras. También sentará las bases para la información sobre sobre el trabajo con rejillas que recibirá en los capítulos siguientes.

La energía de los cristales

La energía nos rodea por todas partes, y los cristales son la herramienta perfecta para conectar con la forma más pura de energía. Esta energía procede de la naturaleza, que puede limpiar y reequilibrar su espíritu. La energía de los cristales puede utilizarse de diversas formas en su mente, cuerpo y alma. Si decide compartir este don con los demás, también puede implementar sus poderes en sus prácticas curativas. Los cristales pueden ayudarle a comprender su propia composición energética y lo que se necesita para sanar su sistema energético. Almacenan energía en sus estructuras simétricas, hechas de minerales. En su forma más pura (como deberían utilizarse en la sanación energética), los cristales están compuestos solo de un mineral. Esta pureza permite que su estructura permanezca constante y mantiene también la estabilidad de la energía que albergan. Esta estabilidad procede del campo energético único y de las vibraciones que resuenan en niveles particulares.

Debido a su estabilidad, los cristales le permiten sintonizar con el sistema energético de cualquier persona, por muy inestable que sea. De hecho, cuanto más desequilibrado esté el sistema energético de alguien, más fácilmente lo captarán los cristales y antes tendrá la solución al problema. Además de ayudarle a identificar los problemas, las piedras preciosas también pueden canalizar la fuerza vital hacia un sujeto concreto. Los cristales reflejan de forma natural el poder innato de una persona y muestran dónde se necesita la energía, lo que los convierte en una herramienta de manifestación extremadamente dinámica. Al infundir un cristal con una intención espiritual, puede crear un vínculo más firme con este.

Los cristales le permiten sintonizar con el sistema energético de cualquier persona
https://unsplash.com/photos/YRrj9QMbv9o?utm_source=unsplash&utm_medium=referral&utm_content=creditShareLink

Cargado con la fuerza vital, cualquier cristal puede transformar su sistema energético y el de cualquier persona a la que trate. Sin embargo, como ya se ha mencionado, los cristales ya contienen una cantidad considerable de energía valiosa. Al fin y al cabo, son el resultado de la acumulación de materia orgánica durante miles de años, y cada capa añade más poder a su estructura. Esto les permite conectar con los elementos naturales e incluso con la fuerza vital. La pureza de los cristales también les permite resonar en niveles superiores, lo que constituye otra razón para utilizar piedras hechas solo de un mineral en su práctica curativa. Después de todo, conectar con la energía de otra persona ya es bastante difícil. Para acceder a sus zonas problemáticas, necesitará la mayor ayuda posible de sus cristales, lo que implica encontrar la frecuencia vibratoria correcta.

Si utiliza la combinación adecuada de cristales puros, su efecto combinado será aún más potente. Esto se debe a que alinear los cristales siguiendo una forma geométrica permite que las piedras individuales conecten con la energía de las demás, elevando las vibraciones colectivas de cada cristal de la rejilla. El poder de los cristales individuales fluye a través de la geometría de sus capas minerales, ejerciendo presión sobre su composición mineral y creando diferentes energías curativas. Su estructura está sometida a una presión aún mayor de lo habitual cuando se utilizan en una rejilla. Esto hace que se cree una cantidad significativa de energía y la posibilidad de realizar la sanación con cristales sin colocar la piedra directamente sobre los puntos chakra del cuerpo.

Como verá más adelante en este capítulo, el secreto de utilizar cristales para mapear y sanar los sistemas energéticos reside en la composición de estos sistemas. Tanto si tiene experiencia en el uso de cristales en prácticas espirituales como si es un completo novato, utilizarlos para sanar será una experiencia totalmente nueva. Es una de las formas más sencillas de acceder a su sistema energético y equilibrar sus vibraciones, así que no tiene mucho que perder por intentarlo. A diferencia de otras técnicas de sanación energética, el método de los cristales no requiere que preste mucha atención a sus vibraciones, ya que los cristales lo harán automáticamente por usted.

El flujo de energía sutil

El cuerpo sutil representa la esencia de la composición espiritual, conocida como qi o fuerza vital. Puesto que esta materia crea un vínculo entre las entidades vivas y los objetos inertes, puede llevar a su conciencia todos los estímulos físicos que reciba y procesarlos allí. Al interactuar con entidades vivas, puede aprovechar las fuerzas vitales y obtener la capacidad de crecer, sanar y avanzar en la vida.

La energía sutil conduce la información a través de una frecuencia determinada en su cuerpo, igual que hacen las ondas sonoras cuando viajan por el aire o las vibraciones que produce una red informática cuando procesa datos. La fuerza vital también puede manifestarse fuera de su cuerpo, permitiéndole conectar con diferentes objetos que emiten vibraciones y transmiten información vital.

Las sensaciones físicas y las emociones son fuentes de información que usted asimila y retiene en su interior o emite cuando lo necesita. Pasar demasiado tiempo sin procesar ningún estímulo tiene un impacto negativo en su sistema de energía sutil. En la mayoría de los casos, esto solo deja más información para que la procese más tarde. Sin embargo, a veces puede tener consecuencias más importantes. La energía sutil es el medio que sustenta su mente, su cuerpo, su espíritu y todo lo que le rodea. Interactúa con las vibraciones procedentes de cualquier dirección. La fuente de energía también puede proceder del interior, incluidos sus pensamientos, creencias, naturaleza creativa, habla y acciones físicas. La gente siempre se ha interesado por la energía sutil. Utilizando la sabiduría que han recogido durante sus observaciones, las culturas antiguas han creado incluso varios mapas de las vías energéticas dentro del cuerpo, incluido el sistema de chakras.

La energía sutil tiene tres segmentos principales. Los primeros son los meridianos o nadis, que representan el camino que sigue la fuerza vital cuando viaja por el costado de su cuerpo. Hay 12 meridianos principales, divididos en dos secciones iguales. Los nadis de cada lado de su cuerpo se reflejan entre sí, creando el equilibrio perfecto. También están vinculados a un órgano interno, que puede verse afectado cuando los dos lados están desequilibrados. La energía fluye a través de los meridianos, manteniendo su cuerpo sano. Si los meridianos están bloqueados, esto se manifiesta como la incapacidad de regular muchas funciones de su cuerpo. Además de los síntomas físicos, los problemas de los meridianos pueden manifestarse como trastornos psicológicos. A su vez, los síntomas de estrés y ansiedad pueden obstruir los meridianos, provocando el resto de los síntomas.

El segundo componente del sistema energético sutil es el aura. El aura es una imagen que usted proyecta de sí mismo al mundo exterior. Suele describirse como un velo de luz coloreada que envuelve el cuerpo de la persona. Aunque el aura de una persona puede brillar en varios colores simultáneamente, un color suele predominar sobre todos los demás. El aura se ve afectada por sus vibraciones. Dependiendo de sus pensamientos, emociones y salud, el color de la luz proyectada por su aura puede cambiar drásticamente.

Es importante tener en cuenta que el aura está conectada al tercer componente de la energía sutil, los chakras. Cuando estos están bloqueados, la luz aparecerá opaca o, en casos graves, incluso negra. Aunque en realidad no puede ver el color del aura de una persona con los ojos, puede visualizarla para revelar posibles problemas con su sistema energético. Los cristales pueden ayudarle a descubrir cambios de matiz y resolverlos limpiando su aura.

Los cristales y los siete chakras

Para comprender cómo canalizan los cristales la energía sutil a través de su cuerpo, primero debe aprender sobre los chakras y el papel que desempeñan estos centros energéticos en su bienestar. Puede visualizar los chakras como bolas de energía giratorias que concentran la fuerza vital en varias zonas de su cuerpo. Están incrustados en su núcleo y se sitúan a lo largo de un eje energético central. Hay siete chakras principales, todos interconectados en un complejo sistema energético, lo que significa que todos los demás chakras influyen en cada uno de ellos. Cada chakra puede recibir energía y canalizarla en dirección a otro centro energético o a un órgano. También proyectan la fuerza vital hacia la capa correspondiente del aura y las abren al exterior del cuerpo. Al recibir energía, los chakras transportan mensajes a través del cuerpo. Cuando un mensaje llega a su destino, se convierte en emociones y sensaciones físicas. Así es como su sistema de chakras le informa de lo que ocurre en su entorno inmediato externo e interno. Los cristales son ayudas naturales para que sus chakras aprovechen la energía del exterior.

Los siete chakras están alineados desde la base de la columna vertebral hasta la parte superior de su cabeza, que también se denomina coronilla. Las posiciones de cada chakra están asociadas a determinados aspectos metafísicos, diferentes partes del cuerpo, órganos o sistemas orgánicos. Al colocar una piedra curativa en un chakra concreto, usted la nutre de una fuerza vital. Esta vitalidad renovada beneficia a todas las partes de su cuerpo a las que está vinculado el chakra. Cuando sus chakras están equilibrados y completamente abiertos, se siente relajado y con los pies en la tierra, puede comunicar sus necesidades, expresar su individualidad y establecer relaciones sanas. Por el contrario, cuando estos centros están bloqueados, se siente decaído e incapaz de expresar sus deseos. Al proporcionarle un flujo de energía positivo, los cristales pueden ayudarle a evitarlo.

He aquí una visión general de cada chakra y su papel en su cuerpo y su mente:

- *El chakra raíz, o Muladhara*, se asocia con el color rojo y está situado en la parte inferior de su columna vertebral. Cuando está abierto, tiene un efecto de enraizamiento y proporciona una sensación de seguridad y confianza en uno mismo. Su desequilibrio se manifiesta en síntomas que indican la falta de estas funciones o síntomas físicos en la ubicación del chakra.
- *El chakra sacro, o Svadhisthana*, está representado por el color naranja y reina sobre la creatividad, la sexualidad y las relaciones. Está situado bajo el ombligo y afecta al flujo energético de la parte inferior del abdomen. Su bloqueo o desequilibrio provoca problemas que aparecen en esta zona o afectan al flujo energético hacia sus chakras superiores.
- *El chakra del plexo solar, o Manipura,* está vinculado al color amarillo. Su ubicación en la zona abdominal superior lo convierte en el centro de sus sentimientos viscerales, la autoestima, la confianza y la capacidad de formar una intención y actuar en consecuencia. Su desequilibrio puede manifestarse como un problema físico originado desde debajo del esternón hasta el ombligo, falta de confianza en sí mismo, desapego de sus instintos o incapacidad de la energía para ascender a los chakras superiores.
- *El chakra del corazón, o Anahata*, se asocia con el color verde. Su ubicación cerca del corazón lo relaciona con el amor, un fuerte sentido de la compasión y el deseo de proporcionar y obtener el perdón. Sus funciones anormales conducen a la falta de estas emociones y a la aparición de otras opuestas. También pueden aparecer síntomas físicos que afectan al sistema pulmonar y circulatorio.
- *El chakra de la garganta, o Vishudda,* suele estar representado por el color azul y se encuentra en la zona de la garganta. Sus funciones saludables le permiten comunicar sus pensamientos y emociones a su interior y al entorno exterior. Cuando está bloqueado, este centro provoca síntomas físicos que se manifiestan en esta zona, problemas de comunicación y una incapacidad para canalizar la fuerza vital hacia y a través de este chakra.

- **El chakra del tercer ojo, o Ajna,** está vinculado al color índigo. Su punto focal físico se sitúa justo entre las cejas. Se asocia universalmente con la intuición, las capacidades psíquicas, la apertura mental, la sabiduría y la capacidad de diferenciar la verdad de la falsedad. Su bloqueo provoca problemas relacionados con estas funciones y síntomas físicos que afectan a su sistema nervioso central y a todo su sistema de chakras.
- **El chakra de la corona o Sahasrara** se asocia con los colores morado y blanco, que es el color universal para todo el sistema de chakras. Esto y su ubicación en la parte superior de la cabeza indican que su función consiste en proporcionar orientación para la espiritualidad, absorber y canalizar la fuerza vital y el enraizamiento. Aunque la mayoría de los problemas asociados a este chakra afectan al sistema nervioso o a la salud mental, también pueden manifestarse como trastornos de cualquier otro chakra.

Cada chakra está asociado a un color concreto porque aprovecha la energía de los elementos que poseen ese color. La sanación con cristales utiliza esta capacidad de sus chakras. Al conectarlos utilizando una piedra del color al que están vinculados, está dando a sus chakras acceso a la forma más pura de energía natural.

Beneficios de la sanación con cristales

Aunque los cristales no pueden curar ninguna afección ni reparar lesiones, facilitan el proceso de curación al potenciar su sistema energético. Refuerzan su inmunidad, ayudan a aliviar el dolor, mejoran la función cognitiva y alivian los síntomas físicos del estrés. Y aunque estos efectos pueden suponer un enorme alivio para quienes padecen enfermedades físicas, la popularidad de la sanación con cristales se debe principalmente a los beneficios psicológicos. Controlar los síntomas físicos por sí solo puede elevar su estado de ánimo y mejorar su bienestar general si padece una enfermedad física. Quienes luchan contra afecciones mentales crónicas también pueden beneficiarse de la energía positiva de los cristales, que actúa como agente equilibrante para realinear el sistema energético. La raíz de las enfermedades mentales suele estar en un chakra desequilibrado o bloqueado, según la gravedad de los síntomas.

No tiene por qué padecer necesariamente una enfermedad debilitante para recibir un tratamiento de sanación con cristales. Debido a nuestras apretadas agendas y a las expectativas a menudo poco realistas de la sociedad, el estrés y la ansiedad pueden convertirse en nuestros compañeros cotidianos. Esto hace que sea demasiado fácil perder de vista nuestras necesidades interiores. Cuando se siente desconectado de su yo espiritual, la única forma de repararlo es conectándose a tierra con un método de sanación que se base en la manipulación natural de la energía, como la rejilla de cristal.

La sanación con cristales puede ayudarle a eliminar comportamientos perturbadores, incluidas las adicciones y la dependencia de relaciones insanas o tóxicas. Tanto si se trata de una sustancia, de aparatos digitales o de una persona de la que quiere separarse, necesitará que su sistema de chakras esté lo más equilibrado posible. Al elevar su energía a niveles saludables, los cristales le ayudarán a aceptar que sus acciones deben proceder de sus deseos más íntimos. Le harán darse cuenta de que no necesita utilizar comportamientos perturbadores o relaciones malsanas como muleta y que puede ser más feliz escuchando a su instinto.

Los cristales pueden ayudarle incluso si su único objetivo es conectar con la naturaleza, transferir su energía vital a través de su cuerpo y elevarla a sus chakras superiores. Esto es lo que suelen perseguir quienes aspiran a un desarrollo espiritual superior. Las piedras le ayudarán a desconectar su mente de la constante salida de preocupaciones sobre el pasado y el futuro y a centrarse en el presente. Aquí, usted establece su intención de desarrollo espiritual o cualquier otro objetivo de autocuidado que pueda tener.

Como aprenderá en los capítulos siguientes, la mejor forma de elegir sus cristales es sentir qué energía de las piedras puede conectar con su energía. Su cuerpo se siente atraído de forma natural por el tipo de energía que necesita, por lo que en realidad puede encontrar subconscientemente el método de curación perfecto. Esta es quizá una de las mayores ventajas de los cristales sobre otras terapias alternativas.

Otra ventaja de la sanación con cristales es que suele utilizar varios cristales diferentes. Además, los practicantes suelen colocar las piedras siguiendo un patrón geométrico. Los cristales individuales poseen poderes únicos, pero cuando se conectan en una rejilla, la fuerza se multiplica mucho más allá de lo que pueden hacer por usted por sí solos. Esto significa menos tiempo esperando a que hagan efecto y un periodo de recuperación mucho más corto.

Descargo de responsabilidad

Los cristales pueden ser una maravillosa fuente de fortalecimiento cuando se trata de problemas físicos, mentales o espirituales. Sin embargo, nunca deben ser su única herramienta de curación, sino *solo* una complementaria. Si experimenta regularmente síntomas de alguna afección física o mental, consulte a un profesional médico antes de buscar opciones de tratamiento alternativas. Una vez que el médico haya establecido el tratamiento adecuado para usted, pídale consejo sobre el uso de la sanación con cristales. Aunque el número de contraindicaciones para este tipo de terapia es bajo, ciertas afecciones, como la epilepsia, le impedirán recibir cualquier tratamiento que implique vibraciones.

Incluso con la aprobación de su médico para utilizar la sanación con cristales, no debe adoptar el mismo enfoque que adoptaría con la medicina tradicional. Esto significa que no puede entrar en una sesión para aliviar síntomas particulares. A diferencia de los medicamentos tradicionales diseñados para combatir uno o más síntomas o causas de enfermedad, la energía curativa ciertamente no funciona de esa manera. Simplemente canaliza la fuerza vital hacia donde más se necesita en su cuerpo, permitiendo que le sane. Esta es también la razón por la que gran parte del escepticismo en torno a los efectos de los cristales sobre el equilibrio hormonal es infundado. Sin embargo, tener expectativas poco realistas o ideas equivocadas sobre la sanación con cristales puede hacer más daño que bien, sobre todo en el departamento de salud mental. Así que, cuanto antes se despoje de estas creencias, antes se activarán los cristales y elevarán sus vibraciones para limpiar su mente, cuerpo y espíritu.

Capítulo 2: ¿Qué es una rejilla de cristal?

Antes de profundizar en lo que es una rejilla de cristal, primero tenemos que explorar el concepto de geometría sagrada, que suele integrarse en las prácticas holísticas. La geometría sagrada está a nuestro alrededor. Es el núcleo de todos los patrones que vemos, lo que significa que es la esencia de la estructura y el armazón de todo en el universo. Al igual que otras formas geométricas, estos patrones pueden reducirse a conceptos matemáticos, en particular los que rigen los reinos físico y espiritual.

Existen diferentes arquetipos de geometría sagrada, que proporcionan una visión de cada forma geométrica y sus frecuencias vibratorias. Si está familiarizado con el sistema de chakras, probablemente comprenderá que toda entidad, ya sea un objeto o un ser vivo, está indefinidamente ligada a todo lo que nos rodea. Estos arquetipos geométricos simbolizan en última instancia esta relación. Es el epítome de la unidad y la unicidad.

Muchas escuelas de pensamiento consideran la geometría sagrada como la génesis del universo o la plantilla de toda la creación. Esta ciencia, que se practica desde hace milenios, examina los patrones energéticos que rigen aquellos conceptos que trascienden la comprensión humana. Además de ideas como la creación y la unificación, numerosos patrones naturales de la vida, como el movimiento, el desarrollo y el crecimiento, pueden todos remontarse al menos a una forma geométrica.

La córnea del ojo, las hojas, los pétalos de las flores, las moléculas de ADN, las galaxias y, por supuesto, los cristales son todos ellos patrones geométricos. Incluso los elementos esenciales para la vida, como el aire y el agua, están hechos de moléculas y cifrados geométricos.

Por qué es importante

Probablemente se esté preguntando cómo puede ayudarle toda esta información a transformar su vida. Además de utilizar las rejillas de cristal (hablaremos de ello más adelante), el simple acto de observación puede ayudarle a mejorar la calidad de su vida. Tome nota de los diversos patrones geométricos, códigos y formas con los que se cruza a diario. Aunque no seamos conscientes de ello, contemplar y reconocer su presencia puede permitirle desbloquear un estado de conciencia superior que le conecta con el corazón de la creación y les abre a los secretos del universo. Lo divino, la naturaleza y nuestros seres físicos están todos conectados por patrones geométricos, lo que hace de esta práctica un gran punto de partida para su viaje de sanación espiritual, emocional y física.

Los antiguos practicantes creían firmemente que abrirse al poder de la geometría sagrada es vital cuando se trata de educar o nutrir su alma. Se daban cuenta de que estas formas simbolizaban nuestra alma interior o los mundos que llevamos dentro, por lo que desempeñaban un enorme papel en la formación de la autoconciencia y el nivel de conciencia de una persona. Aprender a utilizar la geometría sagrada puede ayudarle a fortalecer su relación con el reino espiritual y a alcanzar el equilibrio y la paz interiores. También puede utilizar esta doctrina para armonizarse con el mundo exterior. Muchos creen que el término geometría sagrada no hace justicia a esta doctrina, teniendo en cuenta que es la quintaesencia de toda la creación. Por ello, el término arquitectura sagrada quizá sea más adecuado.

Además del mundo de lo físico, la geometría sagrada y la luz se unen para crear una rejilla que une nuestros seres físicos, mentales, emocionales, energéticos y espirituales. Puesto que estos son los cuatro aspectos de la salud, esta práctica curativa se considera holística. Esta rejilla emite energía luminosa, conectando su ser físico y espiritual con el universo infinitamente vasto.

La geometría sagrada comprende altas frecuencias energéticas y de luz que pueden ayudarnos a despertar nuestros chakras, sanar y, en última instancia, transformar. Estos símbolos nos guían a lo largo de nuestros viajes vitales, aunque puede que ni siquiera nos demos cuenta de ello. Sin embargo, utilizarlos conscientemente (las rejillas de cristal son una forma de hacerlo) puede ayudarle a desencadenar un profundo despertar del alma.

En este capítulo, exploraremos cómo Platón creía que las matemáticas y la geometría desempeñaron un enorme papel en la creación del universo. También profundizaremos en la relación entre la geometría sagrada y la sanación. Por último, aprenderá todo lo que necesita saber sobre las rejillas de cristal y sus usos.

Platón y la geometría sagrada

Las formas tridimensionales, o sólidos, son muy relevantes para la geometría sagrada. Sin embargo, los sólidos más notables en relación con esta doctrina se conocen como los sólidos platónicos. Aunque Platón no fue quien creó estas formas, recibieron su nombre porque las mencionó en sus obras. Explicó que cinco tipos diferentes de sólidos, a saber, el tetraedro, el octaedro, el dodecaedro y el icosaedro, son los bloques de construcción de todo el universo. Platón asoció estos sólidos con los cuatro elementos básicos: fuego, tierra, aire y agua. El tetraedro de cuatro caras corresponde al fuego. El hexaedro de seis caras se asocia con la tierra. El octaedro (de ocho caras) está vinculado al aire, y el icosaedro (de doce caras) se asigna al elemento agua. Por último, el dodecaedro de veinte facetas es relevante para los cielos. Platón describió la composición del universo en su obra, estableciendo una teoría utilizando solo cinco sólidos. Su teoría fue generalmente descartada durante siglos hasta que fue resucitada por Johannes Kepler en el siglo XVI.

Desde su resurgimiento, la importancia de los sólidos platónicos ha sido ampliamente reconocida. Esta teoría se ha asociado con el sistema de chakras. Por ejemplo, se dice que el chakra raíz corresponde al hexaedro, mientras que el chakra sacro se asocia con el icosaedro. Explorar el concepto de los sólidos platónicos nos recuerda que no somos más que una porción de la imagen más amplia: El universo.

Geometría sagrada y sanación

Crear rejillas de cristal es una forma de utilizar la geometría sagrada en sus esfuerzos curativos. Puesto que ya hemos establecido la idea de que la geometría sagrada puede ayudarle a elevar su conciencia y desbloquear una mayor autoconciencia, probablemente se dará cuenta de que utilizar cristales para crear ciertas formas y patrones puede ayudarle a conseguirlo. Meditar con ciertos símbolos geométricos, que trataremos con más profundidad a lo largo de los siguientes capítulos, y utilizar rejillas de cristales, puede ayudarle notablemente a sanar su niño interior y a superar traumas infantiles.

Esto se debe a que los patrones geométricos sagrados pueden permitirle volver a su auténtico yo. Fomentan el cultivo de la armonía interior y exterior y le permiten crecer en numerosos niveles. Fomentan una conexión arraigada, enraizada y humilde consigo mismo y con su entorno. Cada forma geométrica, ya sea un sólido platónico u otro símbolo, conlleva su propia vibración energética. La forma que utilice para configurar su rejilla de cristal o incorporar a sus prácticas meditativas (ya sea mediante posturas de yoga o técnicas de visualización) depende de su intención. Para compensar el proceso de curación, necesita cambiar su conciencia hacia cómo siente la energía en su interior.

Cuando se utiliza la geometría sagrada con fines curativos, se desencadena un cambio energético general. Este cambio de conciencia y de energía provoca un reequilibrio y favorece la curación. Como recordará de los capítulos anteriores, los cristales curativos son ricos en vibraciones energéticas en sí mismos. Cuando lleva un cristal o lo sostiene cerca de su chakra correspondiente, se transmiten códigos geométricos que influyen en su vibración energética y crean un efecto curativo. Aunque los cristales son bastante eficaces por sí solos, utilizados en el contexto de un patrón o geometría sagrada amplifican aún más sus propiedades curativas. Utilizar rejillas de cristales le permitirá experimentar la unidad y la armonía y le ayudará a aprovechar al máximo su viaje de sanación.

Podemos conectar con la geometría sagrada siempre que lo necesitemos. No tenemos que sentarnos a armar una rejilla de cristal o emplearla en nuestra práctica meditativa. Siempre que nos sintamos fuera de contacto con lo que nos rodea o experimentemos una pérdida de orientación, podemos confiar en la geometría sagrada para que nos guíe. Desplazar nuestra conciencia hacia los patrones que nos rodean y observar atentamente las formas del universo sirve como increíble recordatorio de que estamos perpetuamente conectados con el universo y con todo lo que nos rodea.

Dado que la geometría sagrada simboliza los patrones naturales de la vida, incluido el movimiento, practicar la meditación del movimiento consciente también puede ser beneficioso. Tanto si decide bailar, caminar o moverse siguiendo un patrón geométrico, es una forma divertida de fortalecer su sentido de la alineación.

¿Qué es una rejilla de cristal?

Ahora que entiende qué es la geometría sagrada y para qué sirve, estamos aquí para contarle todo sobre las rejillas de cristal. Las rejillas de cristal tienen dos dimensiones: física y metafísica. En la práctica, una rejilla de cristal suele ser un esquema preimpreso que puede utilizar para guiar la colocación de sus cristales. Metafísicamente, sin embargo, las rejillas de cristal emplean formas geométricas sagradas para utilizar mejor las piedras curativas. Cuando coloca sus cristales en la rejilla, estos crean formas que aprovechan su energía. No solo se conectan entre sí para crear una rejilla fuerte y energética, sino que también conectan con su intención. Así que, si su intención es la sanación, utilizar una rejilla de cristal le ayudará a manifestar esa sanación. Las rejillas de cristal, al igual que la geometría sagrada, se consideran una práctica curativa holística. También tienen atributos meditativos y está garantizado que proporcionarán una experiencia positiva a cualquiera que las pruebe. Aunque los capítulos siguientes proporcionan instrucciones paso a paso sobre cómo configurar y utilizar una rejilla de cristal de forma eficaz, confiar en su intuición es el aspecto más importante del proceso.

Las rejillas de cristal pueden utilizarse de innumerables maneras. Dependiendo del tamaño de su rejilla, puede sentarse dentro de ella y alimentarse de sus virtudes curativas durante sus prácticas meditativas. Si tiene una rejilla de cristal más pequeña, puede observar las rejillas mientras medita. Ambos métodos son igualmente beneficiosos, así que todo se reduce a la preferencia.

Las rejillas de cristal no se limitan a la manifestación de la sanación personal. También puede utilizarlas para dar vida a sus otras intenciones, sueños, aspiraciones y deseos. Las rejillas de cristal tienen propiedades curativas innegables. Sin embargo, también son herramientas de manifestación muy poderosas. Como ya se ha mencionado, todos los cristales que utilice para configurar la rejilla combinan sus energías, lo que las hace mucho más poderosas que el uso de un solo cristal. El poder de su rejilla de cristal también proviene de sus intenciones, de su elección de los cristales y de cómo coloca sus piedras curativas.

En otras palabras, una rejilla curativa es una disposición especial de piedras curativas que se combina con las intenciones de una persona para manifestar la realidad deseada. Cuando utilice una rejilla de cristal, es importante que tenga en cuenta sus necesidades y no solo sus deseos. En última instancia, el universo se asegura de darnos las cosas que necesitamos, incluso cuando no las deseamos necesariamente. Por eso, centrarse en sus necesidades puede ayudarle a obtener mejores resultados. La protección, la seguridad, la curación, la abundancia, la salud y el bienestar son algunas de las intenciones que se fijan con más frecuencia cuando se utiliza una rejilla de cristal.

Utilización de las rejillas de cristal

No existen reglas ni directrices estrictas en lo que respecta a las prácticas curativas y los esfuerzos espirituales. Esto también se aplica al trabajo con rejillas de cristal. Permitir que su intuición le guíe en el uso de las piedras curativas es la mejor práctica. Lo más probable es que no sea capaz de trabajar con su intuición las primeras veces. Afortunadamente, cuanto más trabaje con las rejillas de cristal, más natural le resultará. Utilizar guías puede ser muy útil al principio. Sin embargo, acabará aprendiendo que cuando confía en sus instintos es cuando obtiene los resultados más fructíferos de manifestación y sanación. A algunas personas les funciona mejor utilizar una superficie determinada, como una tabla, un trozo de tela o papel. A otros les apetece echar elementos naturales, como pétalos de flores, conchas u hojas, que pueden servir. Muchos principiantes incorporan elementos naturales a sus rejillas de cristal porque no tienen muchos cristales con los que trabajar. Puede hacerlo si cree que el número de piedras curativas a su disposición es una preocupación. Como puede ver, la práctica depende de con qué se sienta cómodo. Al principio tendrá que experimentar con diferentes herramientas, cristales, formas, superficies y elementos hasta que se haga una idea de qué disposición le funciona mejor.

Seleccionando las piedras curativas

En la mayoría de los casos, los practicantes seleccionan las piedras que utilizan para hacer las rejillas de cristal basándose en las propiedades de cada cristal curativo. Si está familiarizado con el funcionamiento de las piedras curativas, probablemente sabrá que cada cristal está alineado con determinados chakras y frecuencias vibratorias. Esto significa que eligen cristales que resuenan con las cosas que desean manifestar. Por ejemplo, si desean establecer límites más fuertes en sus relaciones, entonces pueden colocar una rejilla de cristal en forma de círculo utilizando cornalina, jaspe rojo, piedra de sangre y otros círculos rojos. Si quieren estar más enraizados, pueden crear una rejilla de cristal utilizando piedras como la hematites, el granate, el cuarzo ahumado y la turmalina.

Muchos otros, sobre todo los practicantes más experimentados, seleccionan las piedras utilizando su intuición. En lugar de dar prioridad a las propiedades de la piedra, dejan que sus instintos tomen las riendas. Si dispone de una colección limitada de piedras y no tiene mucho margen de maniobra, siempre puede trabajar con lo que ya tiene. Recuerde que establecer sus intenciones es el paso más importante en esta etapa. Piense en los cristales como meras herramientas y no como vehículos principales. Sus intenciones, su intuición y su poder interior son de suma importancia. Los cristales, junto con sus propiedades, le ayudarán a conseguirlo.

La forma de la rejilla de cristal

La forma de la rejilla de cristal también desempeña un gran papel en la eficacia del proceso. Esto se debe a que el poder de la rejilla está influido por la colocación de las piedras curativas y no solo por sus propiedades metafísicas.

Colocar una rejilla circular puede ayudar a establecer límites, seguridad, protección y sentimientos de seguridad. Una rejilla cuadrada se asocia con el establecimiento de los cimientos personales y el arraigo. Puede ayudarle a sentirse arraigado y se relaciona con el sentido práctico. Colocar sus cristales en forma de triángulo puede ayudarle a cambiar a un estado superior de conciencia. El triángulo es un símbolo de armonía elevada y se corresponde con la armonía y el equilibrio. La rejilla de la Estrella de David es una de las más poderosas, ya que activa nuestra rejilla interior (la asociada a los cuatro aspectos de la salud). Esta disposición de piedras curativas puede generar vibraciones psíquicas y espirituales-energéticas muy elevadas, facilitando la curación y proporcionando sentimientos de protección. Esta rejilla de cristales puede ayudarle a conectar con el reino espiritual y ayudarle con la manifestación. Aunque puede meditar libremente con este símbolo, le aconsejamos encarecidamente que utilice esta rejilla de cristal bajo la guía de un profesional.

Beneficios de utilizar rejillas de cristal

Además de sus propiedades curativas, su capacidad para ayudarle a conseguir sus objetivos y la mejora de la experiencia meditativa, incorporar las rejillas de cristal a su práctica diaria puede mejorar la calidad general de su vida. Las rejillas de cristal le permiten cultivar emociones positivas hacia todo lo que hace. También sirven como una gran oportunidad para que las personas exploren sus propias capacidades. El uso de las rejillas de cristal le permite practicar la sanación personal y trabajar para mejorar su salud general sin la ayuda de nadie. Dicho esto, debe seguir visitando a profesionales sanitarios especializados si tiene problemas con su salud mental o física.

Las rejillas de cristal son una forma estupenda de liberar la energía negativa del entorno que le rodea. Puesto que fijar sus intenciones es un aspecto integral de la práctica, colocar una rejilla de cristal le recuerda automáticamente sus objetivos y aspiraciones. El uso de piedras curativas en un contexto poderoso también le permite soltar los bloqueos emocionales de acontecimientos pasados que pueden estar frenándole.

Aprender a utilizar estas poderosas herramientas puede ser increíblemente fortalecedor. Puede utilizarlas para elevar numerosas áreas de su vida. Muchas personas utilizan las rejillas de cristal para aumentar su confianza, mejorar su autoestima y fomentar el amor propio. Otros utilizan esta práctica para despejar la niebla cerebral, aumentar la concentración y agudizar las capacidades cognitivas. Cuando se utilizan correctamente, las rejillas de cristal pueden ayudarle a recuperar el control de su vida.

Además de su atractivo estético, las rejillas de cristal pueden emplearse en la sanación a distancia (no solo personal). También se utilizan para prácticas de fijación de intenciones y manifestación, se incorporan a técnicas meditativas y se aplican en trabajos rituales. Muchas personas incluso participan en la fabricación de rejillas de cristal por el proceso creativo que implica.

Las rejillas de cristal pueden utilizarse con fines meditativos
https://unsplash.com/photos/DwJqS3QTFpo?utm_source=unsplash&utm_medium=referral&utm_content=creditShareLink

Capítulo 3: Cristales y otras herramientas para el trabajo en rejilla

Debe utilizar los cristales y otras herramientas adecuados cuando construya su rejilla de cristal. En este capítulo se explican los distintos tipos de materiales necesarios para hacer rejillas. También proporcionamos algunos ejemplos de formas de geometría sagrada que puede utilizar como diseños de rejilla, como el cubo de Metatrón, la flor de la vida, la semilla de la vida y otros. Por último, incluimos consejos y trucos sobre cómo decorar su rejilla.

Herramientas para hacer rejillas de cristales

Muchas personas desean utilizar los cristales para la sanación espiritual y física. Cuando trabaje con cristales para un fin concreto como el amor, la salud o cualquier ritual, colocarlos en una especie de estilo de rejilla puede amplificar enormemente su poder metafísico. Puede utilizar cualquier cristal para crear su rejilla, pero asegúrese de que sus propiedades coincidan con su propósito e intención. Las siguientes son las cosas básicas que debe tener cuando cree su rejilla de cristales:

- Un lugar apropiado para su rejilla en casa.
- Un pequeño trozo de papel.
- Un plato de rejilla de cristal.

Aunque algunos de estos elementos se presentan de diferentes formas, no es necesario que sean especiales.

Seleccionar los cristales

Es importante elegir los cristales adecuados para su trabajo con la rejilla. Debe tener al menos cuatro piedras, aunque se recomienda tener más. Varias piedras preciosas pueden incorporarse a las rejillas de cristal. Por ejemplo, puede considerar gemas como un rodado de granate, yeso en bruto, ágata de fuego cabujonada y pulida, un rodado de topacio, un rodado de obsidiana, piedra de luna en bruto y otras. De nuevo, asegúrese de obtener piedras y cristales que se alineen con su intención.

Puede utilizar varios cristales del mismo tipo en función de sus objetivos. Debe conseguir un cristal más grande para colocarlo en el centro, y las demás piedras deben ser pequeñas. Las gemas más pequeñas son ideales para la parte exterior de la rejilla. Puede utilizar puntos de cristal si lo desea, pero no es obligatorio. Los puntos de cristal no amplifican su intención, por lo que son opcionales.

También puede considerar diferentes combinaciones de cristales para su rejilla si no desea utilizar el mismo tipo. Puede probar algunas de las siguientes mezclas para mejorar su rejilla. Por ejemplo, puede seleccionar cristales de riqueza verdes y dorados como el citrino, la aventurina y la pirita si pretende crear una rejilla de abundancia. Si está construyendo una rejilla de salud y bienestar, las piedras azules y moradas como la sodalita, la fluorita y la angelita son ideales.

Las rejillas destinadas específicamente al amor incluyen corazones verdes y piedras rosas para los chakras. Sin embargo, también puede buscar otras piedras que se alineen con sus intenciones amorosas. Si pretende realizar rituales de sanación, puede considerar una combinación de cristales de jaspe, turmalina, ágata y amatista. Las piedras que se utilizan habitualmente para representar los siete chakras también son ideales para su rejilla.

Un arreglo de piedra solar, cornalina y cuarzo transparente es ideal para rituales de fortalecimiento personal. Si pretende desterrar a alguien o algo negativo de su vida, asegúrese de incorporar jade, ónice, hematites y obsidiana en el diseño de su rejilla. Cuando elija los cristales para su rejilla, no hay piedras incorrectas o correctas para utilizar. Por ello, debe confiar en su intuición y elegir lo que más le atraiga.

Elegir los cristales adecuados para su rejilla no es el final. Además del proceso de selección, limpiar el espacio donde va a utilizar la rejilla es un paso importante que no debe pasar por alto. También querrá limpiar toda la casa de cualquier energía negativa que persista. Esto creará un entorno óptimo para ayudar a que sus cristales cargados se fusionen con su intención. Un entorno limpio también mantiene alejados los elementos no deseados.

La limpieza de sus cristales es otro aspecto importante del trabajo en rejilla. Existen diferentes herramientas y métodos que puede utilizar para limpiar sus piedras. Por ejemplo, si es posible, puede colocarlas bajo la luna llena durante toda la noche. Colóquelas en el exterior al anochecer y retírelas hacia las 10 de la mañana para que disfruten de unas horas de luz solar.

Los cristales obtenidos de la tierra pueden limpiarse enterrándolos bajo tierra. Debe dejarlos enterrados unas 24 horas. El agua de lluvia también puede utilizarse para limpiar y cargar sus cristales. Basta con colocarlos en el exterior cuando esté lloviendo. Sin embargo, debe saber que algunas piedras se disuelven cuando se exponen al agua. Debe comprobar primero las características de las piedras antes de intentar sumergirlas en agua de lluvia.

El agua salada es otro componente esencial a la hora de limpiar sus cristales. Puede preparar una solución casera o extraerla directamente del mar. Coloque las piedras en esta solución de agua y déjelas durante unas 24 horas. Cuando elija este método, asegúrese de que el agua es segura para las piedras. El agua corriente puede obtenerse fácilmente del grifo de su cocina y es uno de los métodos más cómodos y rápidos para limpiar sus cristales. Mantenga cada piedra durante aproximadamente un minuto bajo el agua corriente. Sea cual sea el método que elija para limpiar sus piedras, deje claro su intención. Es una buena idea escribirla para poder afinarla y adaptarla a sus necesidades.

Diseño de la rejilla

Puede elegir varias formas de geometría sagrada para su rejilla de cristal. Esencialmente, la geometría sagrada consiste en diferentes símbolos que constituyen las cosas básicas del universo. Desempeñaron un papel fundamental en la cultura del antiguo Egipto, Grecia y Japón, ya que se cree que representan los elementos intangibles y místicos del universo. La geometría sagrada también se utilizaba en China y la India para diversas procesiones religiosas.

Cuando elija un patrón geométrico, elija algo que se adapte a sus necesidades. Los más comunes incluyen un pentáculo, una espiral o círculos. Hay cientos de patrones de geometría sagrada disponibles. Puede dibujar su patrón en papel, madera o tela. Sin embargo, esto no significa necesariamente que deba tener las líneas dibujadas delante de usted. Algunas personas tienen patrones predeterminados en su mente y simplemente colocan los cristales sin dibujar rejillas. Las siguientes son algunas de las formas geométricas sagradas que puede considerar para su primera práctica de trabajo con rejilla:

Triángulo

Triángulo
Increase2.svg: Sarangderivative work: Dodoïste, Dominio público, vía Wikimedia Commons:
https://commons.wikimedia.org/wiki/File:Increase_Negative.svg

Un triángulo es una de las formas más sencillas ya que representa el 3, que es el número de las creaciones sagradas. En distintas partes del mundo, sobre todo en las culturas nórdicas, se cree que este número posee propiedades místicas que simbolizan el equilibrio y la armonía. El triángulo puede representar al padre, la madre y el hijo, pero también al cuerpo, el espíritu y la mente. Cuando apunta hacia arriba, indica la conciencia ascendente. Si el triángulo apunta hacia abajo, se relaciona con lo Divino Femenino. Las Grandes Pirámides de Guiza, en Egipto, son famosas por ilustrar esta enigmática estructura formada por cuatro triángulos y una base cuadrada.

Cuadrado

Cuadrado
https://pixabay.com/images/id-422371/

Un cuadrado simboliza la estructura y la estabilidad. También representa los cuatro elementos: tierra, fuego, aire y agua. Los puntos cardinales (este, norte, oeste y sur) también están representados en el número cuatro. En otras palabras, todos los elementos son iguales o se tratan como tales. Puede considerar este tipo de rejilla para los rituales de enraizamiento y conexión a tierra.

Círculo

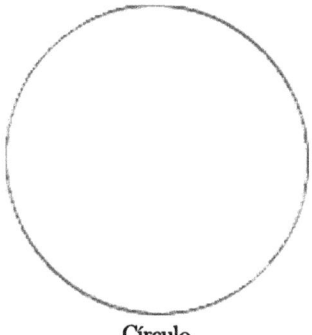

Círculo
Jmarchn, CC BY-SA 3.0 <https://creativecommons.org/licenses/by-sa/3.0/>, vía Wikimedia Commons: https://commons.wikimedia.org/wiki/File:Circle_(transparent).svg

El círculo representa el ciclo interminable de la vida, la muerte y el renacimiento en términos espirituales. También muestra la unidad, y un círculo a menudo representa a Dios. Esta forma se considera la base de varios patrones en geometría sagrada. Algunas de las formas de geometría sagrada basadas en triángulos, incluido un círculo, son vectores de equilibrio y representan la rejilla de la vida.

Espiral

Las formas espirales son comunes en el movimiento de las galaxias y las conchas, y forman la base de la proporción áurea y la secuencia de Fibonacci. Simbólicamente, la espiral representa los chakras, donde los círculos cambiantes forman el vórtice de energía espiral. El peregrinaje es otra forma esencial que representa la iluminación espiritual.

Sólidos platónicos

Los sólidos platónicos comprenden cinco formas que son la base de diferentes moléculas que forman todo el universo. Llamados así en honor a Platón, incluyen estructuras cristalinas de tres dimensiones. A cada forma se le atribuyen diferentes atributos simbólicos. Los siguientes son los sólidos platónicos que puede considerar para su rejilla cristalina:

- **Tetraedro:** Pirámide de cuatro lados que representa el fuego.
- **Hexaedro:** Cubo de seis caras que representa la tierra.
- **Octaedro:** Figura de ocho caras que representa el aire.
- **Icosaedro:** Figura de doce caras que representa el agua.
- **Dodecaedro:** Forma de veinte lados que representa el éter, los cielos y los espíritus.

Otras formas y patrones geométricos significativos son:

Vesica Piscis

Vesica Piscis es un término latino que significa "vejiga de pez", y es la base de varios patrones de geometría sagrada. Tiene dos círculos superpuestos que representan la energía del hambre de la vida, el nacimiento y la unión en la dualidad.

Semilla de la vida

Semilla de la vida. Fuente: Sfoulkes en inglés
Wikipedia, Dominio público, vía Wikimedia Commons:
https://commons.wikimedia.org/wiki/File:Seed-of-Life.svg

Como su nombre indica, la semilla de la vida representa la creación y muestra la otra cara de la conciencia superior de Dios. La semilla de la vida representa seis círculos superpuestos, que pueden encajar perfectamente en el séptimo círculo. Está conectada con los siete chakras y las formas del Germen de la Vida.

Flor de la vida

Flor de la vida

Nickhwee, CC BY-SA 3.0 <*https://creativecommons.org/licenses/by-sa/3.0/>,* vía Wikimedia Commons: *https://commons.wikimedia.org/wiki/File:Flower-of-life_(1).png*

La flor de la vida se forma replicando la semilla de la vida. Refleja el ciclo de la creación y se cree que tiene unos 6.000 años de antigüedad. También simboliza el despertar espiritual y se cree que es una plantilla para todo lo que tenemos en el universo.

El árbol de la vida

El árbol de la vida tiene diez círculos llamados sefirot y se asocia con el misticismo judío y la cábala. Los círculos de este patrón están conectados por 22 líneas, también conocidas como caminos. El alfabeto hebreo consta de 22 letras que corresponden a cada camino. Este patrón representa el camino de la creación.

Estrella de David

La estrella de David consiste en estrellas de seis puntas que se forman a partir de dos triángulos entrelazados. Una estrella mira hacia arriba y la otra hacia abajo, y se cree que estos triángulos estrellados muestran una conexión religiosa entre el creador, Tora, y el pueblo. La forma que comprende dos triángulos se asocia con el chakra del corazón en el hinduismo. Refleja el estado meditativo.

El cubo de Metatrón

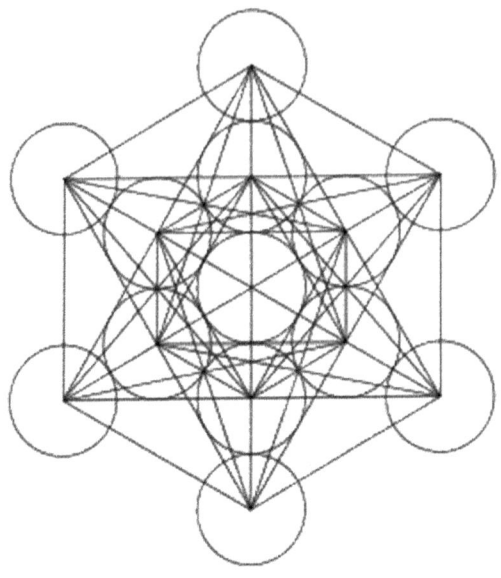

El cubo de Metatrón
Deathlime (en:), Dominio público, vía Wikimedia Commons:
https://commons.wikimedia.org/wiki/File:Metatrons_cube.svg

El cubo de Metatrón tiene 13 círculos y también se conoce como merkaba. Los círculos están conectados por líneas rectas, que forman patrones que se asemejan a dos estrellas en un hexágono. El cubo es el mapa geométrico de Dios, ya que consta de todas las formas geométricas utilizadas en la construcción del universo. También tiene los sólidos platónicos, que forman los componentes críticos de la materia física. Los cristales y el ADN se presentan en diversas formas en el universo, y el huevo de la vida es visible en el centro.

Sri Yantra

Sri Yantra
N.Manytchkine, CC BY-SA 3.0 <https://creativecommons.org/licenses/by-sa/3.0/>, vía
Wikimedia Commons: https://commons.wikimedia.org/wiki/File:Sri_Yantra.svg

El Sri Yantra tiene unos 12.000 años de antigüedad y es uno de los símbolos más antiguos de la geometría sagrada. Su diseño comprende círculos y triángulos basados en la Proporción Áurea. Los practicantes del tantra utilizan el patrón como herramienta vital para la contemplación y la meditación. También simboliza la unidad cósmica y sirve como escudo espiritual utilizado habitualmente para proteger a las personas de las energías negativas.

Torus (Yantra)

Este patrón está formado por un eje central que conecta con vórtices en todos los extremos. Se cree que la energía fluye desde un vórtice y sale por el otro. A continuación, la energía vuelve al primer vórtice, lo que representa el flujo constante de energía. El patrón refleja un flujo equilibrado de energía entre las personas implicadas. La fuente de energía comienza en una dirección, luego se duplica y regresa a la fuente.

Estos son algunos de los patrones geométricos que puede considerar para su rejilla de cristal, aunque existen varios más. En la sección siguiente encontrará varios consejos y trucos para decorar su rejilla. También explicamos por qué puede ser una buena idea crear un tablero de cristal que pueda utilizar sin dibujar el patrón en la rejilla.

Creación de su rejilla de cristales

Cuando haya elegido sus cristales y la forma geométrica sagrada, el siguiente paso es construir la rejilla. Para el crecimiento y la espiritualidad, puede elegir la flor de la vida. Si lo desea, puede dibujar el patrón en un papel o simplemente visualizarlo.

Empiece colocando el cristal en el centro, y recuerde que cada acción que realice debe alinearse con su intención. Trabaje hacia el exterior y coloque los cristales en las intersecciones donde se unen las líneas. Sin embargo, no es necesario que coloque cristales en cada punto de cruce. Puede incluir entre 4 y 20 cristales, así que colóquelos estratégicamente. No debe colocar los mismos cristales en la misma línea.

Sin embargo, algunas escuelas de pensamiento metafísico requieren que trabaje su rejilla de cristales desde fuera hacia el centro. Debe hacerlo intencionadamente, independientemente del método que elija para crear su rejilla. Mientras coloca los cristales, puede entrar en trance. Es esencial que comience el proceso hablando de su intención. Si tiene una intención escrita, colóquela debajo del cristal más grande del centro.

Independientemente de cómo coloque los cristales, debe ser coherente. Coloque todas las piedras a intervalos uniformes. Por ejemplo, puede utilizar un número par en cada lado de su rejilla para mantener la simetría del diseño.

Adornos de geometría sagrada

Los adornos de geometría sagrada son grabados, joyas, objetos, ropa y tatuajes. Puede utilizarlos en un hechizo o ritual para realzar su intención. Además, también puede incluir una esterilla de yoga de geometría sagrada en su altar. Puede alcanzar sus objetivos si alinea sus intenciones con diferentes símbolos que imitan las formas de la geometría sagrada.

Mientras que la gente de otras tradiciones escribe sus intenciones en papel y las coloca debajo de la piedra central más grande, puede que usted no necesite hacer esto. Otros no utilizan patrones físicos, sino formas predeterminadas en su mente. Con este tipo de rejilla, puede que no tenga que añadir muchos adornos. Sin embargo, con una rejilla física, siéntase libre de añadir lo que quiera, ya que no hay un patrón único que seguir.

Dibujar un mandala

Muchas personas dibujan mandalas que consisten en formas y símbolos dentro de un círculo. Puede ver la semilla de la vida o la flor de la vida en un mandala, junto con espirales, círculos y triángulos. Mandala se refiere a un círculo, que puede utilizarse para diferentes propósitos y para simbolizar una variedad de intenciones.

Un mandala puede servir para reflejar la creatividad y la complejidad del funcionamiento interno de su alma. También puede utilizarlo como herramienta de meditación consciente para promover sentimientos de calma y paz interior. Los mandalas también pueden emplearse para reducir la ansiedad, el estrés y otras cuestiones relacionadas con la salud mental. Un mandala es una forma divertida y creativa de expresar sus sentimientos y explorar su interior. También puede utilizarlo para fusionar los mundos interior y exterior. Por último, desempeña un papel crucial, ya que es una herramienta eficaz de manifestación que también es inspiradora.

Cuando diseñe una rejilla de cristales, elija los símbolos de geometría sagrada adecuados y entienda cómo utilizarlos. También debe seleccionar cristales que coincidan con su intención y que se presenten en diferentes formas. De nuevo, no hay límite en el número de piedras que puede utilizar en su rejilla.

Sea cual sea el estilo de rejilla que elija, recuerde que es una experiencia personal y muy subjetiva. Su diseño depende de sus objetivos, intenciones y relación con los cristales. Su capacidad para interpretar la geometría sagrada también determina las piedras y los patrones que utilizará para su rejilla.

Otro aspecto importante de las rejillas de cristales es que crecen con usted. Por eso, sus opciones pueden ampliarse a medida que reúna más y más piedras y desarrolle su colección. Así que tómese su tiempo para crear una rejilla que le sirva al máximo. Recuerde limpiar y reactivar su rejilla y sus cristales al cabo de unos días, según el uso que haga de ellos. El éxito de sus intenciones dependerá

Capítulo 4: Crear su primera rejilla de cristal

Ahora que conoce las herramientas necesarias para crear una rejilla de cristal, está preparado para hacer su primera rejilla de cristal. Antes de empezar, es recomendable que limpie su cuerpo físico antes de trabajar con energía o realizar cualquier trabajo espiritual. También debe estar relajado y despejar su mente. Lo mejor es hacer su rejilla temprano por la mañana, tarde por la noche o en cualquier momento del día en el que pueda estar en paz y sin distracciones.

Crear su rejilla de cristal

Rejilla imprimible de la semilla de la vida
Sfoulkes en Wikipedia en inglés, Dominio público, vía Wikimedia Commons:
https://commons.wikimedia.org/wiki/File:Seed-of-Life.svg

Crear una rejilla es mucho más fácil de lo que cree una vez que se familiariza con el proceso. Asegúrese de seguir todas las instrucciones tal cual.

Primer paso: Elija el espacio adecuado

Elegir el espacio adecuado garantizará que su rejilla de cristal sea eficaz y funcione correctamente. Dado que una rejilla de cristal requiere estabilidad, elija un lugar seguro y sagrado en el que los cristales no vayan a ser perturbados o derribados. La rejilla debe permanecer en su posición hasta que decida quitarla, construir una nueva o cuando se cumplan sus intenciones. Si uno de los cristales de su rejilla se mueve de su posición inicial, puede producirse un bloqueo en el flujo de energía.

El lugar donde coloque la rejilla de cristal debe ser un espacio que invite a la magia, la creatividad y la concentración. Algunas personas prefieren colocarla cerca de una ventana, exponiéndola a las energías lunares y solares. Tómese su tiempo hasta encontrar el lugar adecuado para ella, donde no se mueva ni se moleste.

Cree un espacio cómodo y sin distracciones. Apague el teléfono móvil y cualquier otro aparato electrónico que haya en la habitación, atenúe las luces para crear un ambiente más relajado y elija un lugar para colocar todas sus herramientas.

También puede crear la rejilla al aire libre. Simplemente dibuje un círculo a su alrededor en la tierra utilizando un palo, una piedra o incluso su dedo para crear el espacio energético que utilizará para la rejilla.

Segundo paso: Limpie el espacio

Después de elegir un espacio para su rejilla de cristal, debe limpiarlo para despejar su mente y preparar el espacio para acoger la nueva energía. La limpieza puede realizarse utilizando un cuenco de sal, ya que la sal se considera un poderoso limpiador energético. Se trata de un método sencillo: esparza un poco de sal por la zona y luego bárrala. Sahumar la zona con salvia también servirá. Si no dispone de estos métodos, puede quitar el polvo y limpiar la zona con agua y jabón. Para deshacerse de la vieja energía, abra la ventana de la habitación o encienda un ventilador durante unos minutos.

Tercer paso: Establezca el ambiente

Prepare el ambiente encendiendo velas aromáticas y poniendo música suave de fondo. Aunque este paso es opcional, le ayudará a crear una atmósfera relajante propicia para el trabajo en red y el bienestar.

Cuarto paso: Elija los cristales

Elija los cristales que se alineen con sus intenciones y con los que se sienta más conectado. Existen varios tipos de cristales y piedras, cada uno portador de un tipo de energía diferente. Encontrar un cristal con el que pueda conectar es fácil. Nos sentimos atraídos de forma natural por determinados cristales del mismo modo que nos sentimos atraídos por ciertos olores, formas, colores o lugares. No tenemos que aplicar la lógica ni pensar por qué nos gusta más un determinado color que otro. Lo mismo ocurre con los cristales. Simplemente nos encontramos gravitando hacia los cristales que contienen las mismas energías que queremos atraer a nuestras vidas.

En lugar de darle demasiadas vueltas, déjese guiar por su intuición. Céntrese en la forma y el color del cristal, y se encontrará yendo a por los que pueden ayudar a manifestar su intención en la realidad. También hablaremos de varios cristales para distintos tipos de intenciones en los próximos capítulos.

Imagine la rejilla como un lienzo; los cristales son los colores que utilizará para pintar este lienzo. Es la nueva vida que espera manifestar para usted. No utilice menos de cuatro cristales. Puede utilizar cristales del mismo tipo o combinar varios diferentes, según su intención. Asegúrese de que el cristal del centro es más grande que los que lo rodean.

La limpieza de los cristales también es necesaria. Cada cristal tiene propiedades únicas; al limpiarlo, se garantiza que estas cualidades permanezcan intactas. Dado que siempre nos rodean diferentes tipos de energía, los cristales pueden absorber energías negativas u otras impurezas energéticas. Por esta razón, debe limpiar regularmente sus cristales y piedras. Puede dejarlos unas horas bajo la luz de la luna o del sol. Sin embargo, tenga cuidado, ya que los cristales no deben exponerse al sol durante mucho tiempo, o sus colores podrían degradarse. También puede probar el sahumar utilizando humo de palo santo o salvia. De hecho, el humo de salvia es un gran limpiador, ya que mata las bacterias y los gérmenes. Uno de los métodos más fáciles para limpiar sus cristales es utilizar un cepillo suave, jabón y agua. Dicho esto, algunos cristales pueden dañarse con el agua y el jabón. Le recomendamos que pida consejo a un especialista sobre el mejor método para limpiar sus cristales o que consulte en Internet cuál es el mejor método de limpieza para sus piedras. También puede limpiar los cristales rociándolos con aceites esenciales, lo que les confiere propiedades curativas.

Para recargar sus cristales, entiérrelos bajo tierra durante la noche. Después de limpiar sus cristales, sosténgalos durante un rato, concentrándose en su intención.

Quinto paso: Establezca sus intenciones

¿Por qué está haciendo una rejilla de cristal? Establecer una intención es determinar una razón para crear la rejilla. Se trata de un paso esencial que no debe dejarse para más adelante. Las intenciones son los cimientos sobre los que construye su rejilla y establecen una dirección para que su rejilla de cristal canalice su energía.

Una intención es un deseo para algo que está intentando manifestar. Puede ser una oración, un deseo o cualquier otra cosa que desee realmente. Su intención puede ser un trabajo mejor, un coche nuevo, una casa más grande, curación (para usted o para otra persona), abundancia, la atracción de un nuevo amor, alegría y mucho más. Dado que es su primera vez, puede pensar que lo mejor es empezar con algo pequeño. Sin embargo, no debe contenerse. Establezca una intención para cualquier cosa que desee, no importa lo grande que sea. Mientras establece una intención, crea en lo más profundo de su ser que se merece cualquier cosa que esté deseando.

Para establecer una intención, puede meditar durante unos minutos. Siéntese tranquilamente en una posición cómoda, concéntrese en su respiración y despeje su mente. Piense en lo que espera conseguir con la rejilla de cristal. Haga que sus intenciones sean claras y concretas. Recuerde que está utilizando cristales, no una lámpara mágica, así que evite intenciones como "Quiero ser millonario". En su lugar, opte por una frase diferente como "Tengo la intención de manifestar mejores oportunidades financieras en mi vida y de encontrar el valor para seguir estas oportunidades". Otros ejemplos de intenciones son:

- Me propongo perdonar a quienes me han hecho daño.
- Me propongo manifestar alegría, paz y felicidad.
- Me propongo dar y recibir amor.
- Me propongo estar abierto a la abundancia.
- Me propongo hacer de la sanación una prioridad.

También puede escribir su intención en un trozo de papel y colocarlo en la rejilla. Pronunciar su intención en voz alta también puede ser eficaz, ya que las vibraciones de su voz pueden atraer lo que desea y ayudar a manifestarlo en el mundo físico. La visualización es otro método eficaz que puede utilizar para fijar sus intenciones. Utilice su imaginación para imaginarse cada detalle de lo que desea manifestar como si fuera real. Por ejemplo, si su intención es adquirir una casa nueva, visualícese caminando felizmente con su familia hacia su nueva casa. Imagine cada detalle de la casa, como el color de las paredes y los muebles. Imagínese lo que usted y su familia llevan puesto y sus risas mientras exploran su nuevo hogar.

Sexto paso: Seleccione una forma para su rejilla

A la hora de seleccionar una forma para su rejilla, hay muchas opciones entre las que puede elegir. La forma de su rejilla debe alinearse con sus intenciones. Por esta razón, le recomendamos que establezca primero su intención, ya que esta es la base sobre la que construirá su rejilla.

Probablemente haya visto muchas formas fascinantes en las redes sociales. Cada forma tiene una energía diferente. Por ejemplo, un triángulo ayuda a establecer límites, una rejilla circular es para el coraje y la protección, y las espirales son para expandirse y tender la mano. Para encontrar la dirección o lograr claridad, utilice una rejilla de múltiplos de cuatros, y para la manifestación, utilice una rejilla de múltiplos de tres.

Encontrará varias formas para elegir en Internet. Sin embargo, le recomendamos que utilice la forma de la semilla de la vida porque es básica y fácil de utilizar. Le proporcionamos un esquema que puede imprimir en un trozo de tela o papel y simplemente colocar los cristales sobre él. Si imprimir no es una opción, utilice el esquema como ayuda visual para colocar los cristales.

Séptimo paso: Coloque los cristales

Ahora que ha elegido los cristales y la forma de la rejilla, puede empezar a colocar sus cristales. A continuación, le indicamos cómo proceder en este paso:

- **La piedra focal:** El cristal más grande debe colocarse en el centro, por eso se llama Piedra Focal. Si ha escrito sus intenciones, puede colocarlas debajo de esta piedra. Es una de las partes *más esenciales* de una rejilla, ya que absorbe la energía de la fuerza vital del universo y la canaliza hacia la rejilla. En otras palabras, la piedra central es como el motor de

un coche y es la parte que alimenta la rejilla. Recibe y distribuye la energía y ayuda a manifestar su intención enviándola al universo.
- **Las piedras del camino:** El siguiente paso es colocar piedras alrededor de la piedra central, que se llaman las piedras del camino. No se puede crear una rejilla sin piedras del camino. Cuando la piedra focal recoge la energía, la envía a las piedras del camino a través del sendero creado. Estas piedras trabajan en la amplificación de la energía vital.
- **Las piedras del deseo:** Son las piedras más externas. Suelen colocarse alrededor de las Piedras del Camino y se consideran las piezas finales de la rejilla. La elección de estas piedras depende principalmente de la finalidad de la rejilla. El trabajo de las Piedras del Deseo es recoger la energía de las otras piedras y del Camino. Se llaman las piedras del deseo porque alteran la sintonización de la energía vital para que se ajuste a los resultados deseados de la rejilla. Las piedras del deseo y del camino suelen elegirse por sus rayos de color y su entramado. Cualquier energía que recojan estas piedras, la amplifican para manifestar sus intenciones.
- **El camino:** El camino son básicamente las líneas que fluyen a través de la rejilla de cristal. Guían la energía liberada desde la piedra focal a través de las piedras del camino y finalmente a las piedras del deseo. El camino representa el viaje que realiza la energía para ayudar a manifestar nuestros deseos. Estas líneas son el canal que depende de la geometría de la rejilla para alinear, transferir y guiar la energía para ayudar a manifestar sus intenciones. El camino conecta cada piedra con los patrones de la vida. Cuando una rejilla está bien diseñada, el camino permitirá que la energía se recoja, concentre y amplifique con facilidad.

Para resumir:
1. Coloque la piedra focal, que debe ser más grande que las demás piedras, en el centro de la rejilla.
2. A continuación, coloque las piedras del camino alrededor de la piedra del foco.
3. Por último, coloque las piedras del deseo hacia el exterior (alrededor de las piedras del camino).

Algunas personas también añaden flores, hojas, pétalos, una foto, un objeto de alguien querido o cualquier objeto que esté relacionado con su intención. Debe ser consciente mientras coloca cada piedra y permanecer concentrado en su intención o incluso decirla en voz alta.

Octavo paso: Activar los cristales

Activar los cristales es un paso crucial que ayudará a unificar los poderes de los cristales y la rejilla. Aquí es donde utilizará la varita o la punta de cuarzo mencionada en el capítulo anterior. Sienta la energía en todo su cuerpo a medida que avanza por cada paso. Sea uno con el universo y con todo lo que le ofrece. La vida y la energía del amor puro fluyen a través de usted y hacia el universo. Usted es un recipiente de energía. Sujete su varita, cierre los ojos y visualice toda la energía de su interior fluyendo hacia el exterior. Siga estos pasos para activar sus cristales:

1. Apunte con su varita o cuarzo por encima del ancla mientras piensa en su intención. Quédese quieto y visualice la luz que sale de su varita para dar energía a la piedra foco. Siga visualizando la luz durante todo el proceso.
2. Trace una línea desde la piedra focal hasta las piedras del deseo. Haga una pausa y repita sus intenciones.
3. A continuación, muévase en el sentido de las agujas del reloj por el borde de la rejilla y trace una línea hasta la siguiente piedra. De nuevo, haga una pausa y repita su intención.
4. Trace una línea desde esta segunda piedra exterior hasta la piedra focal. Haga una pausa y piense en su intención, y permita que la piedra focal recargue su intención a través de su varita.
5. Vuelva a trazar la línea hasta la segunda piedra exterior. Haga una pausa de un minuto y conéctela a la siguiente piedra.
6. Repita los dos pasos anteriores (4 y 5) alrededor de la rejilla y termine en la piedra focal para abrir todos los canales de energía. Su intención debe ser su solo pensamiento. Concéntrese en ella y podrá repetirla en cada paso. Si su rejilla se altera o uno de los cristales se mueve o se vuelca, deberá reactivarla desde el principio.

¿Qué debe hacer si desea ajustar su intención o hacer una nueva? Simplemente vuelva a su rejilla en cualquier momento para recargarla o cambiar la intención.

Debe realizar todos estos pasos solo. Sin embargo, si la rejilla y las intenciones deben ayudar a una o más personas además de usted, entonces deben activarla juntos.

Ahora, ya ha creado y activado su rejilla. ¿Qué es lo siguiente? Su rejilla está trabajando para manifestar sus intenciones. No debe ignorar su rejilla ni olvidarse de ella. Acostúmbrese a reconocerla diariamente. Puede hacerlo meditando con la rejilla, reafirmando su intención cada vez que pase junto a ella o simplemente sentándose con ella. Puede dejar su rejilla durante un ciclo lunar o el tiempo que desee. De vez en cuando, limpie el polvo de la rejilla para evitar el estancamiento de la energía. Siempre puede desmontarla y hacer una nueva si lo desea.

Sin embargo, no debe retirarlo sin más cuando haya cumplido su propósito. ¿Qué hace cuando un amigo le hace un regalo? Solemos dar las gracias y mostrar gratitud. Lo mismo ocurre con su rejilla de cristal. Muestre gratitud agradeciéndole todo lo que ha hecho.

No retire todos los cristales a la vez; en su lugar, retírelos uno a uno. Le recomendamos que los limpie antes de guardarlos utilizando cualquiera de los métodos de limpieza mencionados anteriormente. Después de retirar todos los cristales, limpie el espacio donde colocó la rejilla utilizando incienso o salvia blanca. Esto limpiará cualquier energía acumulada en la zona.

En definitiva, una rejilla de cristal es una herramienta poderosa para ayudar a manifestar sus intenciones al universo. Sea paciente y dele tiempo para que funcione. Asegúrese de seguir todos los pasos detallados aquí y prepárese física y mentalmente para este proceso, al igual que debe preparar los cristales y la zona donde colocará las rejillas. Crea en los cristales y en su poder, y elimine

Capítulo 5: Rejillas de cristal para el amor y las relaciones

¿Quién no desea encontrar el amor? Muchas personas sueñan con conocer a su alma gemela y encontrar a su compañero para toda la vida. Los cristales pueden ayudarle a acercarse a lo que busca. Los cristales del amor son como una brújula que puede guiarle para manifestar lo que su corazón desea. Cuando se trata de asuntos del corazón, encontrará un cristal para todo, como el amor propio, la sanación de heridas del pasado, el desbloqueo del chakra del corazón y la atracción de un nuevo amor. Ahora que ya sabe cómo hacer una rejilla de cristales, podemos centrarnos en rejillas más específicas como las del amor y las relaciones.

Cristales del amor

Para crear una rejilla de amor y relaciones se necesitan cristales relacionados con el amor. Aquí tiene una lista de varios cristales para aportar equilibrio a sus relaciones, ayudarle a sanar y a encontrar el amor.

Piedra de cuarzo rosa

Cuarzo rosa
*Parent Géry, CC BY-SA 3.0 <https://creativecommons.org/licenses/by-sa/3.0/>, vía Wikimedia Commons:
https://commons.wikimedia.org/wiki/File:Quartz_rose_cristallis%C3%A9_sur_quartz_(Br%C3%A9sil)_3.JPG*

Cuando se trata de piedras del amor, ninguna destaca tanto como el cuarzo rosa. Con su suave color rosa asociado al romance, esta piedra emite energía femenina, compasión, ternura y sensualidad. Ayuda a generar confianza, amor incondicional y tolerancia. Las viejas heridas pueden impedir que la gente siga adelante y se enamore de nuevo, pero los cristales de cuarzo rosa pueden ayudar a sanar y liberar su corazón, para que esté abierto y listo para atraer un nuevo amor. También desbloquea el chakra del corazón, por lo que todo tipo de amor, ya sea amor propio o pasión romántica, puede fluir de nuevo a través de usted.

Piedra rodonita

Hay una razón por la que esta hermosa piedra rosa es la favorita de muchos entusiastas de los cristales. La rodonita puede ayudar a manifestar el perdón y el amor romántico en su vida. Aunque el amor es ciego y todos somos culpables de dejarnos llevar por la magia de los nuevos comienzos, la piedra rodonita ayuda a abrir los ojos a la dura realidad del amor. Le hace ser consciente de que el amor puede tener su parte de momentos dolorosos y finales no tan felices. Esta toma de conciencia le otorga la confianza y la fuerza interior para perdonarse a sí mismo y a la otra persona, para que pueda curarse del desamor y liberar emociones negativas como la ira, la decepción o el miedo.

Piedra kunzita rosa

Otra piedra de color rosa, la kunzita rosa, se llama a menudo "la piedra de la mujer". Este cristal puede manifestar sabiduría, paz interior y amor profundo con su energía nutritiva y amorosa. Esta delicada piedra puede ayudar a su corazón a sanar y derribar los muros que ha levantado para protegerse del daño emocional. Puede devolver la confianza a su vida, para que pueda construir relaciones sanas y fuertes con personas dignas de su amor.

Piedra de luna

Al igual que su homónima, la luna, la piedra de luna también se asocia con la feminidad. Esta piedra emite energía femenina que puede aportar adaptación divina y equilibrio a su vida. ¿Tiene alguna amiga recién casada? La piedra de luna será el regalo perfecto para la feliz pareja, ya que se sabe que trae buena suerte. ¿Busca reencontrarse con una antigua pareja? La piedra de luna puede ayudar a reunir a amantes distanciados, emocional y físicamente. Se asocia con la abundancia, los nuevos comienzos, la fertilidad y las renovaciones.

Dato curioso: Según el folklore antiguo, si dos personas llevan la piedra lunar al mismo tiempo en luna llena, están destinadas a enamorarse perdidamente.

Piedra amatista

¿Está preparada para conocer al amor de su vida? La amatista puede ayudarle a prepararse para su próxima historia de amor. Con su suave color púrpura, la amatista está considerada una de las piedras más poderosas para fomentar la paz, la sanación y la autoestima. Muchas personas buscan las propiedades curativas de esta piedra tras experimentar un duro desengaño amoroso.

Piedra de ámbar

Otra piedra conocida por traer buena suerte a los recién casados, la piedra ámbar emite vibraciones energéticas y calmantes para equilibrar el corazón de un enamorado. Esta piedra puede aportar sensualidad, protección, curación y buena suerte en todos los ámbitos del amor.

Piedra turmalina rosa

La piedra turmalina rosa puede atraer abundancia, nuevos amores y bienestar al corazón. Esta piedra puede desbloquear el chakra del corazón para que la energía del amor pueda fluir por su cuerpo y curar viejas heridas. Emite energías compasivas y calmantes que pueden aquietar su corazón atribulado. Sean cuales sean los miedos o el dolor que arrastra de sus relaciones pasadas, la turmalina puede ayudarle a afrontarlos para que esté abierta a atraer un nuevo amor a su vida. Esta piedra tiene poderes curativos para reparar su corazón roto y que pueda superar los traumas emocionales.

Piedra rodocrosita

Esta hermosa piedra rosa y blanca es una brújula que le guiará hacia su mayor historia de amor. Puesto que emite diversas vibraciones a través de sus múltiples capas, la rodocrosita le ayuda a descubrir todas las capas de usted misma para que pueda comprender mejor cualquier asunto del pasado o emoción negativa que le impida encontrar el amor. En pocas palabras, fomenta la sanación emocional e invita a un nuevo amor a su vida. Le ayuda a priorizar sus necesidades a la vez que abre su corazón al amor propio.

Piedra ágata

La piedra ágata se presenta en muchos colores y matices, cada uno de ellos portador de su propio conjunto de propiedades curativas. Por ejemplo, el ágata musgosa es conocida por fomentar el amor propio y sanar el chakra del corazón para encontrar el amor. En una relación, el ágata musgosa puede aportar equilibrio y paz a su vida amorosa. El ágata encaje azul puede manifestar la verdad, la armonía y el amor. ¿Desea atraer la pasión y la sensualidad a su vida? Esta piedra puede encender el fuego de la pasión en su vida amorosa, para que usted y su amado no puedan apartar las manos el uno del otro.

Piedra aventurina

Verde como el color del chakra del corazón, la aventurina puede ayudarle a activar y conectar con su chakra del corazón. Se considera un amuleto de la buena suerte y emite energía de éxito que puede venirle bien en una nueva relación. La piedra aventurina puede atraer amor, pasión y compasión a su vida. También puede fomentar la calma para que pueda soportar todos los problemas y malentendidos que surgen al principio de una relación.

Lapislázuli

¿Cómo puede hacer que una relación funcione? Hablando las cosas con su pareja y encontrando la forma de comunicarse mutuamente sus sentimientos y necesidades. La piedra lapislázuli se asocia con la comunicación debido a su conexión con el chakra de la garganta. Le anima a ser sincero con sus sentimientos y le da la confianza para ser su yo más auténtico en una relación. Prosperamos en las relaciones cuando se reconocen nuestros sentimientos y *nos sentimos escuchados*. Regida por Venus, la piedra lapislázuli puede aportar amor y armonía a sus relaciones amorosas. También puede ayudarle a pensar con claridad cuando está enamorada, ya que mantiene el corazón y la cabeza en equilibrio. Tras el fin de una relación, esta piedra puede aportar curación y paz interior a un corazón roto.

Piedra granate

Esta piedra de tonos rojizos se asocia con la confianza, la devoción, el amor, la pasión y el deseo. Puede equilibrar su impulso sexual y promover la curación y la energía positiva. La piedra granate le da el valor de ser sincera sobre sus necesidades y sentimientos para tener una relación abierta y sana con su pareja.

Piedra rubí

Si busca una piedra que le haga sentir seguro de sí mismo y con poder, no busque más que la piedra rubí. Este cristal, que está conectado con el chakra de la raíz, puede manifestar amor propio en su vida, especialmente para quienes tienden a ponerse en último lugar en una relación.

Piedra malaquita

La piedra malaquita le conecta con el chakra del corazón, le anima a soltar cualquier duda y trae confianza a su vida. Le abrirá a la atracción de nuevos amores, por lo que esta piedra se considera un imán del amor.

Piedra citrina

El citrino emite alegría y energía brillante y puede servir como recordatorio de que el amor es un sentimiento maravilloso que aporta felicidad y consuelo. Por desgracia, muchas personas que resultaron heridas en una relación pasada tienden a olvidar que el amor es un sentimiento hermoso, cálido y mágico. Ven el mundo desde un punto de vista cínico y pierden la chispa en los ojos que una vez tuvieron. La piedra citrina puede devolver la alegría y la positividad a su corazón y a su alma.

Piedra crisocola

La crisocola no solo es única por su llamativo color; también está conectada con los chakras del corazón y la garganta. Abre estos dos chakras para que la energía pueda fluir del corazón a su lengua, permitiéndole comunicar sus sentimientos y deseos. Esta piedra puede fomentar la comunicación, el amor y el crecimiento y ayudarle a atraer un nuevo amor. A veces, parece que el universo solo nos envía a las personas equivocadas, lo que nos lleva a preguntarnos: ¿cuándo conoceremos al elegido? La piedra crisocola transmitirá su intención al universo y le ayudará a atraer a la persona adecuada a su vida.

Piedra obsidiana

Si alguna vez ha visto una piedra Obsidiana, quizá se pregunte qué tiene que ver una piedra negra con el amor. La obsidiana puede aportar sentimientos de seguridad y protección a nuestro corazón. Esto puede hacerle confiar en usted mismo y creer que merece un amor incondicional y real.

Piedra de ópalo

El ópalo se ha asociado a la buena suerte a lo largo de la historia. Aunque algunas personas consideran que esta piedra trae mala suerte, los romanos la consideraban una de las piedras más afortunadas que existen. Por lo tanto, no crea los rumores de que el ópalo puede causar desgracias. De hecho, esta piedra puede atraer el deseo, el amor y la pasión a su vida. Se asocia con el romanticismo y la franqueza, concediéndole el valor para ser apasionado y cumplir todos sus sueños y deseos sexuales con su pareja. Esta piedra aporta lealtad y buena comunicación y también estabiliza sus emociones.

Piedra cornalina

Vestida con el color del amor, esta piedra roja aporta valor, resistencia y alegría a sus relaciones. La piedra cornalina ayuda a conectarnos con el chakra sacro para que podamos desarrollar relaciones sanas. También aporta pasión a nuestra vida amorosa a la vez que nos mantiene con los pies en la tierra.

Se habrá dado cuenta de que estas piedras tienen algunas cosas en común además de curar y atraer nuevos amores. Muchas de estas piedras son rosas o rojas, que son colores estrechamente asociados con el amor y el romance. Estas piedras también están conectadas con el chakra del corazón, que es el solo chakra asociado con el amor romántico, el amor propio y el amor platónico. Ciertas piedras también están conectadas con el chakra de la garganta, que es el responsable de ayudarnos a comunicar nuestros sentimientos y a expresarnos en las relaciones.

Creación de rejillas de cristales para el amor y las relaciones

Ahora que ya sabe qué cristales se asocian con el amor, está preparado para utilizar estas piedras para hacer rejillas para el amor y las relaciones. Como sabe, existen varias formas de rejillas, pero para hacer una rejilla del amor, le recomendamos que utilice cualquiera de estos formatos:

- El cubo de Metatrón
- La flor de la vida
- La forma de un corazón
- La semilla de la vida

Empecemos a hacer las fajas. Recuerde seguir todas las instrucciones del capítulo anterior, como limpiar los cristales y elegir la zona adecuada para su rejilla.

Rejilla del amor propio

Herramientas y cristales

- Una foto de sí mismo
- 8 cuarzo rosa
- Cualquier formato de rejilla de su elección

Instrucciones

1. Siéntese en una posición relajada en un lugar tranquilo y sin distracciones.
2. Concéntrese en sus pensamientos y pregúntese "¿Cuál es mi único y verdadero deseo?" y "¿Quiero amor, apoyo o aceptación?".
3. Ahora, concéntrese en sus sentimientos, y pregúntese: "¿Cómo se siente el apoyo?" "¿Cómo se siente el amor propio?" "¿Qué es la autoaceptación?"
4. Ahora, establezca la intención de amarse, aceptarse y apoyarse.
5. Coloque su foto en el centro de la rejilla.
6. Comience a colocar los cristales uno a uno alrededor de su foto mientras visualiza la luz blanca fluyendo desde el universo a través de usted y hacia la rejilla.
7. Siéntese durante unos minutos con su rejilla mientras permanece concentrado en su intención.

Sanar heridas del pasado

Herramientas y cristales
- 6 piedras de ópalo rosa
- 6 piedras de amazonita
- 1 piedra grande de cuarzo rosa
- Rejilla de la semilla de la vida

Instrucciones
1. Establezca sus intenciones para sanar las heridas del pasado, como "Tengo la intención de sanar las heridas del pasado, para que mi cuerpo emocional esté sano y equilibrado".
2. El cuarzo rosa le servirá como piedra focal. Colóquela en el centro de la rejilla mientras repite su intención en voz alta.
3. Las seis piedras de Amazonita servirán como piedras de camino. Colóquelas alrededor de la piedra focal. Representan la empatía y la compasión.
4. Las seis piedras de Ópalo rosa servirán como piedras deseadas y se colocarán alrededor de las piedras de Amazonita. Estas piedras representan el perdón y la curación emocional.
5. Ahora, active la rejilla con una varita o una punta de cristal de cuarzo transparente utilizando el mismo método de activación comentado en el capítulo anterior mientras repite su intención.

Atraer el amor

Cristales
- 1 piedra grande de cuarzo rosa
- 6 piedras de aventurina verde
- 6 punteros claros de piedras de cuarzo
- Cualquier formato de rejilla de su elección

Instrucciones
1. Establezca la intención de que desea atraer el amor, el romance y nuevas posibilidades a su vida. También puede escribirla en un papel y colocarlo debajo de la piedra de enfoque.
2. Despeje su mente y concéntrese en su intención. Puede seguir repitiéndola o sostener el papel cerca de su corazón.

3. Coloque el cuarzo rosa en el centro de su rejilla. Esta piedra de enfoque trabajará para atraer un nuevo amor a su vida.
4. Para las piedras de camino, coloque las seis piedras de aventurina verde alrededor de la piedra de cuarzo rosa. Ayudarán a cargar la rejilla de amor y atraerán nuevas oportunidades.
5. Los seis cuarzos claros son las piedras del deseo, que colocará alrededor de las seis piedras de aventurina verde. Intensificarán la energía de las otras piedras.
6. Active la rejilla.

Ahora que sabe cómo hacer una rejilla, puede personalizar la suya utilizando las diferentes piedras del amor mencionadas anteriormente. Cada piedra tiene una función, por lo que puede utilizar diferentes piezas de la misma piedra o combinar varios tipos. Por ejemplo, si quiere atraer un nuevo amor y curarse de una herida del pasado simultáneamente, puede utilizar cuarzo rosa para el foco y piedras de camino, ya que pueden cumplir ambos propósitos. O puede utilizar Rodonita como piedras de camino para manifestar el perdón y ayudarle a sanar. Puede utilizar punteros claros de piedras de cuarzo como piedras deseadas. Experimente con diferentes tipos de formas de rejilla, disposiciones y cristales, y recuerde seguir siempre a su corazón cuando practique la rejilla.

El amor está a nuestro alrededor. Todo lo que tiene que hacer es fijar su intención, colocar sus cristales y dejar que el universo haga el resto. Ábrase y prepare su corazón para dar y recibir amor. Tenga fe en el universo y crea que es digno de la curación y del amor incondicional de usted mismo y de los demás.

Capítulo 6: Rejillas de cristal para el dinero y la carrera profesional

Cuando pensamos en el dinero, inmediatamente nos vienen a la mente los colores verde y amarillo. Si bien es cierto que las piedras curativas amarillas y verdes pueden ayudarnos a manifestar riqueza y prosperidad, nuestra estabilidad financiera y el éxito profesional también están asociados a otros colores y cristales.

Varias piedras curativas rojas pueden utilizarse para ayudarnos a manifestar la estabilidad financiera. El rojo es el color del chakra raíz, que es esencialmente responsable de nuestros sentimientos de seguridad, protección y saciedad. Las personas con un chakra raíz desequilibrado pueden volverse codiciosas. Más que por puro egoísmo, este sentimiento de avaricia está instigado por el miedo a quedarse sin dinero y pasar apuros económicos. Estos individuos suelen haber crecido en un entorno en el que el dinero era una preocupación. Si desea manifestar abundancia, primero debe liberar todos los bloqueos y soltar todas las creencias y comportamientos que le frenan. Utilizar piedras curativas para equilibrar su chakra raíz es una forma de hacerlo.

Un chakra del plexo solar desequilibrado puede conducir a la procrastinación, especialmente en lo que se refiere a los asuntos financieros. Los problemas de gestión del dinero son uno de los síntomas más destacados de un chakra del plexo solar bloqueado. El individuo afectado se encuentra a menudo enterrado bajo una montaña de deudas y experimentando las consecuencias de las malas decisiones financieras. El uso de piedras curativas amarillas puede ayudarle a desarrollar una mentalidad más consciente en lo que se refiere a sus finanzas personales.

Puede que le sorprenda saber que el verde es el color del chakra del corazón. La mayoría de la gente piensa que este chakra tiene que ver con asuntos del corazón, pero no siempre es así. Aunque el chakra del corazón gobierna nuestra capacidad de dar y recibir amor, este centro de energía también está relacionado con la forma en que tomamos nuestras decisiones sobre el dinero. Cuando nuestro chakra del corazón está equilibrado, no dejamos que nuestras emociones guíen nuestras compras. Dado que el verde y el rosa son los colores de este chakra, las piedras curativas asociadas pueden ayudarle a tomar decisiones profesionales y monetarias de forma racional.

Las personas con el chakra de la garganta bloqueado suelen tener problemas con las deudas porque les cuesta pedir ayuda. Todos luchamos a veces con nuestras finanzas. Saber cuándo es el momento de pedir consejo puede ayudarnos a mantener la cabeza fuera del agua. Utilizar cristales azules puede ayudarnos a admitir que necesitamos mejorar la forma en que gestionamos nuestro dinero.

Activar el chakra del tercer ojo puede ayudarnos a visualizar la abundancia financiera y promover hábitos de gasto sensatos. Este chakra también está asociado con nuestra intuición, inspiración y creatividad, lo que significa que nutrirlo es esencial cuando buscamos el éxito profesional. Las piedras curativas moradas pueden ayudarle a activar su chakra del tercer ojo.

En este capítulo, descubrirá qué piedras curativas puede utilizar para lograr abundancia, riqueza, prosperidad y éxito en su carrera. También descubrirá qué disposiciones funcionan mejor para estos fines. Aquí encontrará instrucciones paso a paso sobre cómo configurar sus rejillas de cristales.

Cristales para la riqueza, la prosperidad y el éxito profesional

Pirita

No es ninguna sorpresa que la pirita sea uno de los mejores cristales para manifestar riqueza y abundancia. Después de todo, se la conoce popularmente como "el oro de los tontos". Aunque esta piedra curativa puede no valer tanto como el oro real, puede ayudarle a alcanzar la prosperidad. Esta piedra también puede ayudarle a experimentar el éxito profesional, ya que le permite dar rienda suelta a sus habilidades, mejorar su comunicación y liberarse de todos los bloqueos que se interponen en su camino. Puede trabajar en la construcción de la confianza en sí misma y en la disminución de las dudas sobre sí misma, así como en la creación de una sólida red profesional utilizando pirita.

Citrino

Si echa un vistazo a un cristal de citrino, percibirá inmediatamente que este cristal puede atraer la riqueza y la abundancia a su vida. Esta piedra curativa de color amarillo brillante puede ser un potenciador de la confianza, especialmente en lo que se refiere al cumplimiento de planes financieros. El citrino también es conocido por irradiar positividad. Colocar este cristal cerca de una ventana en su espacio de trabajo puede contribuir en gran medida a su éxito profesional.

Piedra solar

Esta es otra piedra curativa que puede ayudarle a superar sus dudas sobre sí mismo. Nada puede frenar tanto su carrera como la falta de fe en sus capacidades. Utilizar una piedra solar puede ayudarle a mantener el optimismo a lo largo de su trayectoria profesional. También puede ayudarle a convertirse en un mejor comunicador, líder y tomador de decisiones.

Sodalita

La sodalita es el cristal perfecto para aportar equilibrio a los asuntos de la mente y el corazón. Cuando se encuentre en una encrucijada y no pueda decidir si dejarse llevar por sus emociones o dejar que la lógica tome las riendas, utilice esta piedra curativa para lograr algo de claridad. La sodalita puede ayudarle a mejorar su capacidad para resolver problemas y a adoptar una filosofía de pensamiento positivo en la vida. Esta piedra puede ser muy útil a la hora de tomar una postura en su carrera. Fomenta la confianza y garantiza que comunique sus puntos de vista con eficacia.

Jade verde

El jade verde se asocia desde hace siglos con la riqueza, la abundancia y la prosperidad. Fomenta la armonía en varios aspectos de la vida, facilitándole mantener la compostura y pensar con lógica y claridad. Todos ellos son aspectos esenciales para manifestar riqueza y estabilidad

financiera.
Malaquita

La malaquita es otro cristal que se asocia con la confianza, la resistencia y la fortaleza. Puede beneficiarse del uso de esta piedra cuando parezca estar experimentando numerosos cambios en su vida. La malaquita le dará la fuerza para seguir avanzando hacia sus objetivos incluso cuando se le presenten desafíos. Esta piedra corresponde al chakra del corazón, lo que significa que le ayudará a mantener la pasión por sus objetivos monetarios. Trabajar para lograr la abundancia financiera no es un camino fácil. Puede que se sienta obligado a renunciar a sus objetivos. Dicho esto, la malaquita se asegurará de que se mantenga en el buen camino.

Amatista

Amatista
MAURO CATEB de Brasil, CC BY 2.0 <https://creativecommons.org/licenses/by/2.0>,vía Wikimedia Commons: https://commons.wikimedia.org/wiki/File:Brazilian_amethysts_(6330378228).jpg

La amatista puede ayudarle a restablecer la paz y el equilibrio en su vida. También puede disminuir su estrés y ansiedad, permitiéndole entrar en contacto con el propósito último de su vida. Esta piedra curativa le permitirá permanecer conectado con su espiritualidad incluso cuando se vea envuelto en problemas financieros. De este modo, podrá permanecer centrado en el panorama general y dejar de divagar en áreas que no le sirven.

Cornalina

La cornalina puede ayudarle a trabajar hacia un futuro exitoso. Esta piedra curativa puede otorgarle la motivación que necesita para hacer las cosas.

Aventurina verde

Esta piedra es conocida por su capacidad para atraer la buena fortuna y la abundancia. Cuando utilice la aventurina verde, verá que las oportunidades surgen allá donde vaya. Esta piedra curativa puede ayudarle a manifestar sus objetivos financieros y guiarle hacia una carrera de éxito. La aventurina verde rebosa energía positiva y puede ayudarle con la comunicación. Utilice esta piedra si necesita ayuda para descubrir sus pasiones en la vida.

Cuarzo rosa

El cuarzo rosa es otra piedra curativa del chakra del corazón que puede ayudarle a abrirse a oportunidades gratificantes. Abrir su chakra del corazón le abre a recibir abundancia, luz, amor, confianza y buena fortuna. Le permite aceptar opciones prometedoras a las que puede haber dado la espalda en el pasado.

Amazonita

La amazonita es una de las piedras más efectivas para la abundancia y el éxito, por lo que resulta especialmente eficaz para manifestar satisfacción monetaria, felicidad y éxito profesional. Utilice esta piedra para potenciar su ética laboral, permanecer centrado en sus objetivos y mantener las emociones positivas.

Cuarzo transparente

El cuarzo transparente es un cristal muy especial que magnifica la energía con la que lo rodea. Puede utilizar esto en su beneficio siempre que establezca sus objetivos financieros o fije intenciones relacionadas con la abundancia y la riqueza. Tenga cerca un cuarzo transparente cuando planifique cómo alcanzar estos objetivos. Para obtener mejores resultados, combine este cristal con otra piedra curativa del dinero y la riqueza.

Ojo de tigre

Se cree que el ojo de tigre trae buena fortuna y suerte a la vida de una persona. También puede darles la fuerza, la paciencia, la resistencia y, lo mejor de todo, la determinación para mantenerse en el camino hacia el logro de la estabilidad financiera y el avance profesional. Utilizar un ojo de tigre puede ayudarle a mantenerse enraizado y con los pies en la tierra, recordándole las cosas que más importan. Mucha gente cree que llevarlo encima puede ayudarle a conseguir ascensos, a tomar mejores decisiones, a convertirse en un magnífico comunicador y a captar mejor el sentido del presente.

Granate

El granate puede ayudarle a mejorar su calidad de vida en general. Esta piedra se asocia con la abundancia, la riqueza y las aspiraciones. Un granate puede ayudarle a liberarse de toda energía negativa, a ganar fuerza y a enriquecer su alma. Trabajar con esta piedra le recordará sus capacidades y su habilidad para hacer que sucedan grandes cosas. Es rica en pasión, alegría, asombro y positividad.

Ágata

El ágata se utiliza habitualmente para reponer la confianza en sí mismo y aumentar su coraje. El uso de esta piedra puede animarle a dar pasos hacia la curación interior. Al obtener esta sensación de estabilidad, finalmente será capaz de asumir riesgos. Tanto si estos riesgos le impulsan a invertir en bolsa, perseguir sus sueños o pedir un ascenso, el ágata le ayudará sin duda a alcanzar la prosperidad.

Peridoto

A veces, nuestras propias emociones negativas e inseguridades en la vida pueden impedirnos mejorar nuestra situación financiera. Deshacerse de estos bloqueos es el paso más importante para manifestar abundancia y riqueza. Si está buscando hacerlo, el peridoto es el cristal adecuado para sus necesidades.

Selenita

La selenita es ideal para las prácticas de limpieza energética. Libera la energía negativa del espacio que la rodea a la vez que atrae la energía positiva para ayudarle a conectar con el aspecto más elevado de sí mismo. El uso de esta piedra puede ayudarle a liberar su mente y su corazón de asuntos que ya no le sirven, para que pueda dejar espacio a mejores oportunidades. La selenita le ayudará a centrarse en lo que importa para su éxito financiero y profesional. Al alejar todos los aspectos negativos de su vida, ya sean personas, situaciones o incluso lugares, se abrirá a la abundancia que le espera.

Rejillas de cristal

Como ya sabe, crear una rejilla cristalina no es una tarea complicada. Aparte de los cristales, no necesita muchos suministros para comenzar. Necesitará alrededor de 35 a 40 cristales para crear las rejillas de cristal que mencionaremos a continuación. Sin embargo, si no tiene tantos cristales a su disposición, ¡no deje que esto le detenga! Puede utilizar en su lugar cualquier elemento de la naturaleza, como flores, pétalos, hojas o incluso conchas. Si tiene más de los requeridos en cada rejilla, puede utilizar más si lo desea.

Utilizaremos principalmente citrino, cuarzo transparente, jade amarillo, pirita, obsidiana caoba, ojo de tigre, amatista, ágata encaje azul, labradorita dorada, jaspe policromo, jaspe rojo, jade verde y ágata blanca. Dicho esto, puede incorporar cualquiera de las otras piedras mencionadas. Recuerde que debe dejarse guiar por su intuición. Así, si se siente inclinada a utilizar malaquita en lugar de ágata encaje azul como una de las rejillas, es libre de hacerlo. Elija las piedras que se alineen con su propósito y las que crea que darán los mejores resultados para sus necesidades. Lo más importante es que establezca claramente su intención.

Utilizar rejillas de cristal con geometría sagrada preimpresa es mucho más fácil de seguir, sobre todo para los principiantes. También se dice que combinar la geometría sagrada con las rejillas de cristal amplifica su poder. Si no dispone de plantillas ya preparadas, puede colocar sus cristales directamente sobre una superficie o utilizar un paño para rejillas de cristal. Añadir velas, incienso y aceites esenciales que sean relevantes para los asuntos monetarios también puede ser de gran ayuda.

Existen numerosas rejillas de cristales que le ayudarán a promover el avance profesional y la abundancia. Sin embargo, le recomendamos que utilice las siguientes rejillas:

- La flor de la vida.
- El octagrama.
- El árbol de la vida.
- Triángulo, octagrama y círculo.

Rejilla de cristal de la prosperidad y la abundancia

Herramientas y cristales

- 8 cristales de cuarzo claro
- 3 piedras talladas de pirita
- 3 piedras talladas de jade amarillo
- 1 citrino grande

Esta rejilla de cristales es una combinación del octagrama, que puede ayudarle a abrirse al crecimiento, el desarrollo, la prosperidad y la abundancia, y la flor de la vida, que puede ayudarle a manifestar.

Instrucciones

1. Establezca su intención: "Utilizo esta rejilla de cristal para atraer la prosperidad y la abundancia a mi vida".
2. Utilice el cristal citrino grande como piedra central.
3. Coloque las 3 piedras de jade amarillo en forma de triángulo vertical alrededor de la piedra central.
4. Coloque las 3 piedras de pirita en forma de triángulo hacia abajo alrededor de la piedra central.
5. Las piedras de jade amarillo y de pirita deben crear un círculo alrededor del citrino.
6. Utilice 4 piedras de cuarzo transparente para formar un cuadrado alrededor de las otras piedras (una en cada esquina).
7. Utilice los otros 4 cuarzos transparentes para formar un rombo alrededor del cuadrado que

Rejilla de cristal para atraer la riqueza

Herramientas y cristales

- 6 piedras de cuarzo transparente
- 1 piedra grande de pirita

Esta es una rejilla de cristal de la flor de la vida. Como ya sabe, se trata de una rejilla y herramienta de manifestación poderosa, universal y para todo uso.

Instrucciones
1. Establezca su intención: "Estoy utilizando esta rejilla de cristal para atraer riqueza a mi vida".
2. Coloque la rejilla de cristal de la flor de la vida delante de usted.
3. Coloque la pirita grande en el centro de la rejilla.
4. Utilice los cuarzos transparentes como piedras de apoyo, disponiéndolos sobre la rejilla para crear un círculo alrededor de la pirita.

Rejilla de cristal para el éxito

Herramientas y cristales

- 8 piedras de obsidiana caoba
- 3 piedras de pirita
- 1 piedra grande de ojo de tigre

Esta rejilla de cristales combina tres símbolos: el triángulo, que potencia la creatividad y ayuda a la manifestación, el octagrama, que le mantiene decidido y favorece el éxito, y el círculo, necesario para el compromiso y la concentración.

Instrucciones
1. Si lo desea, busque una imagen del diagrama y colóquela delante de usted para amplificar los resultados de la rejilla.
2. Establezca su intención: "Estoy utilizando esta rejilla de cristal para atraer el éxito a mi vida".
3. Coloque la piedra grande de ojo de tigre en el centro.
4. Coloque las ocho piedras de obsidiana caoba a su alrededor en forma de círculo.
5. Utilice las tres piedras de pirita para formar un triángulo alrededor del círculo.

Rejilla de Cristales del Equilibrio y la Prosperidad

Herramientas y cristales

- 1 piedra amatista
- 1 piedra ágata de encaje azul
- 1 piedra citrino

- 1 piedra labradorita dorada
- 1 piedra jaspe policromo
- 1 piedra jaspe rojo
- 1 piedra ágata blanca
- 1 piedra jade verde
- 1 piedra calcita naranja
- 1 piedra turmalina negra
- 1 piedra aventurina verde

Esta rejilla de cristal tiene la forma del árbol de la vida. Es una herramienta muy poderosa para manifestar equilibrio, prosperidad y sanación.

Instrucciones

1. Coloque la carta de la rejilla del árbol de la vida delante de usted.
2. Establezca su intención: "Utilizo esta rejilla de cristal para atraer el equilibrio y la prosperidad a mi vida".
3. Coloque el jade verde en el penúltimo lugar del centro del diagrama.
4. Moviéndose en el sentido de las agujas del reloj, coloque la calcita naranja en el punto contiguo.
5. Continúe moviéndose en la misma dirección, colocando el jaspe rojo, seguido de la turmalina negra, el ágata blanca en la parte superior central, después la aventurina verde, el ágata de encaje azul y por último la amatista.
6. Cuando llegue al centro, coloque la labradorita dorada debajo del jade verde y el citrino encima, seguidos del jaspe policromo.

Atraer la riqueza y el éxito laboral a su vida requiere que trabaje con sus chakras raíz, plexo solar, corazón, garganta y tercer ojo. Afortunadamente, existen numerosas piedras que puede incorporar a su práctica diaria para obtener los resultados deseados. Ahora que entiende qué formas geométricas y rejillas de cristal funcionan mejor para este propósito, puede utilizar su intuición para crear sus

Capítulo 7: Rejillas de cristal para la salud y la sanación

Disponer los cristales en un patrón específico para canalizar la fuerza vital durante el proceso de sanación es mucho más eficaz que utilizar piedras individuales. Esto se debe a que tiene a su disposición las vibraciones curativas colectivas de todas las piedras que utilice en su rejilla. Estas vibraciones resuenan a niveles mucho más elevados. Cuando se combinan con una poderosa intención curativa, los cristales en determinadas formaciones geométricas pueden limpiar la mente, el cuerpo y el alma. También pueden aliviar los síntomas de muchas enfermedades o lesiones mucho mejor que las piedras por separado. Esta última característica puede resultar muy útil cuando se necesita la curación a distancia. Cuanto más poder pueda combinar con su intención, más eficaz será su sesión de curación. Naturalmente, también puede utilizar las rejillas de cristal para fortalecerse a sí mismo o a sus seres queridos en persona, aliviando síntomas físicos o mentales. El cristal puede utilizarse para despejar bloqueos mentales, encontrar la paz espiritual o simplemente como una forma de expresar libremente su creatividad.

La colocación de las piedras puede determinar su efecto, y en más de un sentido. Como establecimos anteriormente, colocar los cristales en diferentes disposiciones les confiere diversas formas de potenciación. Además de hacerlos más fuertes, sus efectos curativos y nutritivos dependerán también de los patrones que se utilicen. Por ejemplo, existen diferentes rejillas para ahuyentar la depresión, calmar una mente inquieta o establecer una sensación general de bienestar. Además, el lugar donde coloque la rejilla también influirá en su efecto sobre la mente, el cuerpo y el alma. Puede ponerlas debajo de la mesa cuando trabaje los chakras de alguien, indicarles que las pongan debajo de la cama o colocarlas bajo su almohada mientras duerme. En cualquier caso, formar una rejilla de cristal es un acto espiritual, e implica la manipulación de la energía. Limpiar su espacio y sus herramientas antes de una sesión es siempre una buena idea. Sin embargo, al utilizar cristales para la sanación, debe vigilar aún más la pureza de la energía con la que los está nutriendo. Dependerá de usted si utiliza el sahumerio o cualquier otro método de limpieza.

Cristales recomendados para la salud y el bienestar

Dado que la sanación puede significar muchas cosas, el número de cristales que puede utilizar en el trabajo con la rejilla de sanación también es significativo. Los cristales desempeñan un papel crucial en el trabajo de rejilla, así que asegúrese de elegir los más apropiados para su intención. Si su objetivo es mejorar la salud y el bienestar, los cristales que elija incorporar deben alinearse con ese propósito. En cuanto a los colores, los cristales morados y azules funcionan mejor para la salud y el bienestar, pero siéntase libre de elegir el blanco y piedras de un color vinculado a un chakra concreto que esté intentando sanar. Si la intención es calmar los nervios de alguien, utilice piedras de color azul claro y transparentes, ya que tienen efectos más relajantes.

He aquí algunos de los cristales curativos más utilizados y sus efectos:

- **Obsidiana:** Útil como protección contra los traumas físicos y emocionales y para ayudar a procesar las emociones y experiencias que conllevan. Puede mostrarle el camino para encontrar su fuerza interior y despejar cualquier bloqueo emocional.
- **Sodalita:** Al favorecer la formación de pensamientos racionales, esta piedra aporta paz a su mente. Ayuda a verbalizar sus emociones y a decir su verdad interior. Esto puede ayudarle a evitar situaciones estresantes y depresiones debidas a la incapacidad de expresar sus deseos.
- **Cuarzo transparente:** Gracias a su capacidad para limpiar todo el sistema energético, esta piedra suele considerarse uno de los sanadores más poderosos. El cuarzo transparente puede aliviar

los síntomas de los bloqueos de múltiples chakras al amplificar la energía positiva que entra en su cuerpo. También ayuda a la función cognitiva.

- **Jaspe:** Nutre el espíritu y ayuda a mantenerlo elevado en momentos de tensión, permitiéndole combatir el estrés, la ansiedad y otras consecuencias de estar bajo presión. Actúa como un escudo contra la energía negativa y fomenta los procesos de pensamiento positivo, por duras que sean las situaciones en las que se encuentre.

Jaspe

Linas Juozėnas, CC BY-SA 4.0 <https://creativecommons.org/licenses/by-sa/4.0>, vía Wikimedia Commons: https://commons.wikimedia.org/wiki/File:Picture-jasper.jpg

- **Cuarzo rosa:** Aunque suele utilizarse para fomentar el amor y la confianza en las relaciones, esta piedra también puede ayudarle a superar la pérdida de sus seres queridos. También fomenta el amor propio, esencial para la salud espiritual y mental.
- **Citrino:** Al abrir las vías de la creatividad, esta piedra puede avivar su entusiasmo por la vida, permitiéndole ser emocionalmente estable. También es un potenciador de la concentración, lo que le ayuda a ser más productivo y a experimentar una sensación de plenitud.
- **Rubí:** Restaura la vitalidad, dándole más energía para todas las actividades que necesita realizar para mantenerse sano y feliz. Paralelamente, le aporta conciencia emocional y la capacidad de diferenciar la verdad de la ficción.
- **Turquesa:** Calma las emociones dolorosas y le ayuda a comprender lo que no puede cambiar. Se utiliza a menudo en

ejercicios de enraizamiento o cuando el objetivo es reforzar la inmunidad física y emocional.
- **Zafiro:** Al igual que la anterior, esta piedra azul también se utiliza para alcanzar la relajación espiritual y la prosperidad. Le proporciona la sabiduría que necesita para mantener su salud bajo control.
- **Piedra de luna:** Promueve el crecimiento interior y acumula fuerza para los nuevos comienzos. Utilice esta piedra para visualizar una perspectiva positiva en lugar de estresarse por experiencias desconocidas, de modo que pueda embarcarse en nuevas empresas con una salud mental despejada.
- **Ojo de tigre:** Gran potenciador de la motivación, esta piedra elimina el miedo, las dudas sobre sí mismo y otras emociones negativas que entorpecen su productividad mental. Le ayuda a encontrar el equilibrio espiritual y a tomar decisiones bien informadas sobre su salud.
- **Piedra de sangre:** Al fomentar el flujo de la fuerza vital hacia y dentro de su cuerpo, esta piedra favorece la circulación sanguínea y el flujo de ideas constructivas. Elimina la impaciencia y le permite centrarse en la solución en lugar del problema.
- **Prehnita:** Eficaz contra la inquietud y los nervios alterados, reduce el ritmo cardíaco, le permite respirar profundamente y consigue claridad mental.
- **Cuarzo ahumado:** Ayuda a disipar la inquietud y la ansiedad, ahuyenta las pesadillas y las sustituye por sueños en los que su mente procesa las emociones y los pensamientos de forma más saludable.
- **Howlita:** Esta piedra puede absorber la energía negativa de su cuerpo, aportándole bienestar y una mente y espíritu libres de preocupaciones.
- **Celestita:** Canaliza una suave corriente de energía positiva para liberar todas las preocupaciones y miedos sin abrumarle con el repentino cambio de energía.
- **Lepidolita:** Alivia los síntomas del estrés, la ansiedad y la depresión. Es especialmente eficaz para combatir las pesadillas y otros trastornos del sueño.

Patrones geométricos a utilizar

Los patrones geométricos más comunes utilizados para las rejillas de cristal son el cuadrado, la espiral, el círculo, el triángulo y el romboide. También existen patrones más complejos, como los cinco sólidos platónicos. A continuación, le explicamos cuáles de ellos son los más útiles para la curación y por qué.

Cubo

Un cubo simboliza la energía de enraizamiento de la tierra y sus experiencias en el entorno físico, atendiendo a las necesidades humanas básicas de seguridad y tranquilidad. También puede representar la conexión entre el cuerpo físico y la mente racional. Esta capacidad se utiliza a menudo para liberar el estrés mental a través del cuerpo. Si su objetivo es crear los cimientos de una vida más sana o limpiar la existente de influencias negativas, el cubo es el patrón perfecto para utilizar en el trabajo con rejilla.

Cubo de Metatrón

Una versión mejorada del patrón anterior, el cubo de Metatrón, está asociado con un ángel. Tanto si utiliza a Metatrón como su guía espiritual o a otra entidad, este trazado le ayudará a llegar al reino espiritual y a conectar con ellos. Al hacerlo, estará abriendo su alma a nuevas experiencias, dejando atrás cualquier creencia limitante y los patrones de pensamiento negativos que causan su inquietud. Esto le ayudará a encontrar su propósito y a abrazarlo, estableciendo una mentalidad saludable que puede calmarse en cualquier momento que desee relajarse.

La flor de la vida

Al igual que una flor tiene muchas semillas que pueden convertirse en plantas únicas, el esquema de la Flor de la Vida nos enseña que, aunque cada uno de nosotros tiene exactamente el mismo plano biológico, seguimos siendo diferentes unos de otros. Puede ayudarle a aceptar que está bien procesar las emociones de una determinada manera, siempre que le aporte una sensación de equilibrio interior. Esto tiene un efecto generalmente calmante en su mente, cuerpo y alma.

Círculo

El círculo representa un polígono infinito que a menudo se equipara con la totalidad y la eternidad. También puede simbolizar la perfección, pero solo en el plano espiritual. Lo utilizan quienes desean ascender a un nivel espiritual superior. Para ello, primero hay que abrazar todas las cualidades que yacen dentro del círculo. El trazado se utiliza para avanzar y liberarse de cargas emocionales cuando se ve como un círculo en movimiento.

Icosaedro

El icosaedro es el más simple de los cinco sólidos platónicos, que se utiliza para despejar creencias limitantes. Puede enseñarle a aceptar el flujo natural de la vida y a abrazar todas sus experiencias, buenas o malas. También puede ayudarle a desbloquear su creatividad y a encontrar formas de expresar sus pensamientos y emociones. Le devuelve el control sobre todo lo que quiere comunicar consigo mismo y con el mundo exterior, equilibra sus sentimientos y transforma su vida en una vida con más propósito.

Dodecaedro

El dodecaedro está perpetuamente vinculado a la fuerza vital. Esto lo hace ideal para cuando se necesita empoderamiento a través de la sabiduría espiritual. Por ello, su uso se combina a menudo con la meditación u otras técnicas de atención plena. Como ya está sintonizada con las frecuencias naturales, la rejilla eleva sus vibraciones con mayor eficacia. También ayuda a transformar la energía del espacio en el que la utiliza, creando el ambiente perfecto para la relajación. En este estado, puede identificar los desequilibrios de los chakras, los bloqueos e incluso los problemas físicos que deben tratarse para restablecer la salud.

Merkaba

La disposición merkaba crea un campo de energía increíblemente poderoso. Puede ayudar con bloqueos más fuertes cuando se necesita más fuerza para recrear el equilibrio entre las energías opuestas. Esta disposición específica eleva las vibraciones a los niveles necesarios para sanar traumas físicos y mentales o lograr un crecimiento espiritual. Las altas frecuencias facilitan la conexión con su fuerza interior, incluso si antes no era consciente de este poder.

Octaedro

El octaedro suele resonar con sus sentimientos, tanto los positivos como los negativos. Le ayuda a descubrir deseos ocultos y a ver qué emociones suscitan. También puede permitirle explorar las razones que subyacen a ciertas reacciones emocionales ante acontecimientos, objetos o personas de su entorno. El octaedro puede abrir su corazón a nuevas experiencias, incluido el amor incondicional hacia usted mismo. Puede aprender a perdonarse y dejar de preocuparse por acciones pasadas. Esta disposición nutre su esencia y estimula la creatividad emocional cuando se incluye en un proceso de sanación espiritual.

Tetraedro

El tetraedro simboliza el arraigo y la unidad, a menudo considerado el más estable de los sólidos platónicos. Sus frecuencias potencian la manifestación, el despertar espiritual y la protección contra las intenciones maliciosas. Dado que uno de sus extremos siempre apunta al cielo, también se utiliza para alcanzar la claridad mental y la iluminación. Además, la rejilla proporciona una base firme para el desarrollo emocional y las conexiones espirituales. A menudo se combina con diferentes formas de cristales de cuarzo y sodalita, ya que estos potencian su capacidad para conectar con frecuencias más elevadas y experimentar un despertar espiritual completo.

Símbolos de reiki y sanación con cristales

Las rejillas de cristal pueden combinarse con muchas otras técnicas y herramientas de sanación alternativa, incluido el reiki. Esto puede ser especialmente útil cuando se utiliza el símbolo de sanación a distancia o Hon Sha ze Sho Nen. Los practicantes de reiki utilizan este símbolo para enviar energía reparadora a través del tiempo y el espacio. Así que, ¿qué mejor para asegurarse de que la energía llega a su destino correcto que potenciar su Hon Sha ze Sho Nen con las vibraciones de una rejilla de cristal?

También existe un patrón llamado rejilla reiki. Utiliza 14 cristales (12 en el exterior, 1 en el centro y 1 para la piedra maestra) que se alinean con la intención de canalizar la energía reiki hacia el cuerpo. Las piedras se alinean según un patrón que aporta paz y salud o un símbolo reiki, como Sei he ki.

Sugerencias de rejillas para la salud y el bienestar

El número de combinaciones de rejillas y piedras que puede aplicar en su práctica curativa es prácticamente ilimitado. He aquí algunas sugerencias de rejillas curativas que puede probar.

Una rejilla para calmar una mente inquieta

La mayoría de las veces, su cerebro querrá procesar todos los estímulos antes de descansar. Si no puede hacerlo, puede encontrarse con que su mente se acelera con un pensamiento tras otro justo cuando se está preparando para dormir. Esta receta cuadriculada puede ayudarle a calmar su mente y a disfrutar de un mejor sueño.

Necesitará:

- Cuarzo rosa
- Cuarzo transparente
- Cuarzo ahumado
- Howlita
- Amatista
- Lepidolita
- Celestita
- Prehnita
- Piedra de luna
- Una rejilla con un patrón para liberar el estrés, como el cubo o el cubo de Metatrón

Instrucciones

1. Seleccione sus cristales y límpielos antes de disponerlos en la rejilla.
2. Coloque las formaciones debajo de su cama o en su mesilla de noche antes de irse a dormir.
3. Disfrute de su sueño nocturno mientras sus cristales esparcen energía relajante a su alrededor.

Una rejilla para defenderse de la depresión

No hay mejor forma de defenderse de la depresión que conectándose con la naturaleza a través de una rejilla de cristal fortalecedora. La siguiente rejilla le ayudará con esto, además de utilizarse para sustituir los pensamientos negativos por positivos.

Necesitará:

- Un patrón de rejilla de la Flor de la Vida
- Trozos de tela blanca
- Howlita

- Lepidolita
- Ojo de tigre
- Citrino
- Piedra de sangre
- Cuarzo rosa

Instrucciones

1. Coloque los cristales en su rejilla y cárguelos con su intención. Hágalo en una zona en la que pase la mayor parte del tiempo, pero en la que las piedras no se desplacen.
2. Deje la rejilla a la vista para que le recuerde su intención de ahuyentar los pensamientos negativos y alejar los síntomas de la depresión.

Una rejilla para aliviar los síntomas físicos

Aunque los cristales suelen orientarse hacia la sanación espiritual, la geometría sagrada utilizada en el trabajo con rejillas también puede ser la herramienta perfecta para aliviar los síntomas físicos. Lo mejor es combinarlo con otros métodos ideados para la curación física, como la colocación de manos de Reiki o los métodos de equilibrio de los chakras.

Necesitará:

- Un patrón de dodecaedro
- Jaspe
- Amatista
- Piedra de sangre
- Obsidiana
- Cuarzo transparente
- Rubí

Instrucciones

1. Limpie bien sus piedras antes de formar la rejilla.

Un retículo para promover el bienestar general

Puede beneficiarse de la sanación con cristales, aunque no padezca ningún problema de salud. Esta rejilla está diseñada para reforzar su sistema inmunológico, su función cognitiva y su estabilidad emocional y espiritual, de modo que pueda prevenir lesiones y mantener a raya las enfermedades.

Necesitará:
- Piedra de sangre
- Piedras de rubí
- Cuarzo ahumado
- Cuarzo transparente
- Un trozo cuadrado de papel o tela roja
- Un trozo cuadrado de papel o tela verde
- Una rejilla de icosaedro

Instrucciones
1. Coloque el trozo de tela roja sobre la zona en la que está trabajando. Coloque el verde encima del rojo alineándolo en diagonal.
2. Reúna sus provisiones y límpielas antes de disponer sus piedras según el patrón.
3. Cree una intención que afirme su estado positivo de salud. Esto le ayudará a mantenerlo así.
4. Active la rejilla y déjela estar hasta que sienta la necesidad de su energía reconstituyente.

Todas las sugerencias sobre los cristales y la rejilla son opcionales. El número de piedras que necesita depende del patrón que utilice. Puede sustituir o añadir otros cristales si siente una conexión (o falta de ella) con una piedra concreta. Siéntase libre de hacer lo mismo si cree que ciertas piedras curativas le ayudarán a establecer su intención mejor que otras.

Capítulo 8: Rejillas de cristal para el desarrollo psíquico y la protección

Utilizar sus habilidades psíquicas requiere un alto nivel de concentración que solo conseguirá mediante el desarrollo espiritual. Hay muchas formas de potenciar sus habilidades, y una de ellas es solicitar la ayuda de un guía espiritual. Ellos también pueden proporcionarle la protección que necesita cuando se comunica con el reino espiritual. Este capítulo está dedicado a los diferentes benefactores espirituales y a la utilización de las rejillas de cristal para trabajar con ellos. Recuerde que las disposiciones y las piedras que implemente en su práctica psíquica tienen tanta influencia en su desarrollo como los propios guías.

Trabajar con guías espirituales

Todo el mundo tiene sus guías espirituales, seres que le acompañan durante uno o varios periodos de su vida. Algunos solo están ahí durante un breve periodo de tiempo, mientras que otros permanecen más tiempo y puede contactar con ellos siempre que necesite orientación o protección. A veces, incluso enviarán señales sutiles de su presencia o un mensaje que quieren que usted acuse recibo. Otras veces, necesitará contactar por su cuenta y conocer más a su guía espiritual antes de que pueda ayudarle.

Guías espirituales comunes

Maestros ascendidos

Los maestros ascendidos son espíritus que han alcanzado los niveles más altos de espiritualidad a través de la devoción, la práctica y la enseñanza de su oficio. Siguen capacitando a la siguiente generación de practicantes del mundo espiritual. Sus espíritus suelen ser contactados por quienes se centran en el trabajo energético y pueden asistir a varias personas durante una sesión.

Ángeles

Existen varios tipos de ángeles que pueden potenciar su desarrollo psíquico, empezando por su propio ángel de la guarda. Puesto que se dedican solo a usted, serán los más fáciles de contactar. También hay ángeles ayudantes, que están dispuestos a ayudar a quien lo necesite en caso de que su propio guardián no esté cerca o si aún no lo ha encontrado. Por último, están los arcángeles, los líderes del mundo angélico. Solo trabajan con empáticos y personas que han trascendido a los niveles más altos de espiritualidad.

Espíritus ancestrales

Son las almas de sus seres queridos que siguen velando por usted después de partir de este mundo. Puede que tenga varios guías ancestrales a su disposición, pero recibirá asistencia de aquellos que puedan ayudarle en cada situación. A veces, será un pariente con el que tuvo una estrecha relación en vida y que acaba de fallecer. Otras veces, puede recibir la visita de un ancestro fallecido hace mucho tiempo al que nunca conoció, pero que, sin embargo, desea guiarle.

Guías comunes

Suelen ser los espíritus con los que primero se encuentra cuando entra en contacto con el mundo espiritual en busca de un guía. Pueden aparecer de muchas formas, aunque suelen ser conocidos por adoptar la forma de la guía espiritual que usted necesita o está buscando. Tras guiarle por un camino concreto y dejar que se familiarice con el mundo espiritual, le revelarán a su verdadero guía o le mostrarán cómo ponerse en contacto con ellos usted mismo para después pasar a ayudar a otra persona.

Espíritus animales

Al igual que los antepasados difuntos, los espíritus de los animales también merodean para hacerle compañía y guiarle en su desarrollo espiritual. Puede tratarse de las almas de mascotas fallecidas o incluso de animales que no ha visto nunca. Los primeros son grandes ayudantes cuando necesita empoderamiento espiritual para superar el duelo o dificultades similares. Los segundos aparecerán cuando necesite orientación en una escala mayor de la vida o protección frente a poderosos espíritus maliciosos.

Descubrir a su guía espiritual

Si todavía no ha establecido una conexión con su guía espiritual, puede que este proceso le resulte un poco difícil, porque cuando se trata de conocer a una persona con la que se intenta entablar una relación, hay que establecer la confianza y desarrollar algunas reglas básicas. He aquí un pequeño ejercicio para encontrar a su guía espiritual y llegar a saber qué le gusta y cómo se comunica:

- Encuentre un lugar tranquilo, tome obsidiana (o cualquier cristal que le ayude a establecer una conexión espiritual) entre sus manos y siéntese cómodamente.
- Cierre los ojos y respire profundamente varias veces hasta que se sienta completamente enraizado.
- Ahora, empiece a centrarse en los diferentes estímulos que percibe en su entorno.
- Preste atención a cualquier cosa que pueda oír, ver u oler. Esto podría ser un mensaje sutil que su guía le envía para ayudarle a encontrar la puerta al mundo espiritual.
- Visualice esta puerta y entre, pero manténgase cerca de ella y espere a que su guía espiritual se acerque a usted.
- Cuando lo haga, pregúntele si es su guía. Si la respuesta es afirmativa, puede hacer preguntas sobre ellos y hablar de cómo pueden ayudarle. Pídales que le lleven hasta su guía si no lo son.
- Cuando sienta que ha aprendido todo lo que puede sobre su guía, agradézcales su ayuda y visualícese viajando de vuelta al mundo físico.

- Ponga el cristal que utilizó debajo de su almohada. Su guía espiritual lo reconocerá como la herramienta que utilizó para ponerse en contacto con ellos, y al ver que lo mantiene cerca, sabrán que está interesado en trabajar con ellos.

Cristales para proteger y potenciar su intuición

Existen muchos cristales para mejorar los poderes psíquicos y potenciar su intuición. Aunque todos tienen sus ventajas, los que vaya a utilizar deben parecerle adecuados, ya que es aquí donde empieza a confiar en su intuición.

He aquí los mejores cristales para la protección espiritual, la comunicación y el desarrollo psíquico.

Obsidiana negra

Obsidiana negra
El cachalote de aleta alta, CC BY-SA 3.0 <https://creativecommons.org/licenses/by-sa/3.0/>, vía Wikimedia Commons: https://commons.wikimedia.org/wiki/File:Black_obsidian.JPG

La obsidiana negra es una de las mejores piedras para reconectar con sus poderes intuitivos. Ayuda a crear equilibrio en su sistema energético, le sana por completo y le prepara para un propósito más elevado. La obsidiana negra es magnífica para limpiar la energía negativa antes de ponerse en contacto con sus guías espirituales, de modo que no puedan impedir que intercepten sus mensajes. También puede ser un mediador para sanar traumas sufridos por sus ancestros, que le fueron transmitidos a usted, creando un vínculo entre ustedes. Por último, las piedras elevan su conciencia a un nivel en el que el uso de las habilidades psíquicas le llega de forma natural y sin esfuerzo.

Amatista

Al eliminar los bloqueos energéticos, la amatista le hace más receptivo a los mensajes enviados por su guía espiritual. También le ayuda a ponerse en contacto con el conocimiento superior (incluidos sus guías) y a aprender a confiar en su instinto. Con la ayuda de esta piedra, se vuelve más consciente de la verdad, la que busca cuando utiliza sus habilidades psíquicas. Al prepararle sobre cómo reaccionar ante los cambios en su sistema energético, la piedra potencia sus poderes de clarividencia, revelándole el camino hacia una visión profunda.

Apatito azul

El apatito azul es uno de los mejores cristales para comunicarse con sus espíritus ancestrales. Al proporcionarle una visión de la vida de sus ancestros, esta piedra puede ayudarle a comprenderlos mejor. Esto le permitirá comprender sus mensajes cada vez que contacte con ellos. También le permitirá enviar mensajes claros sobre su deseo de protección, guía o respuestas a sus preguntas adivinatorias. La apatita azul también es beneficiosa para liberar cualquier bloqueo mental causado por la transgresión pasada de sus ancestros. Esto le proporcionará acceso al siguiente nivel de conciencia psíquica.

Lapislázuli

Esta piedra es conocida por su capacidad para promover revelaciones espirituales, partiendo de su propia sabiduría interior. Una vez superada la etapa del autodescubrimiento, puede practicar el uso de la piedra para desarrollar su intuición y contactar con sus guías espirituales. Le enseña a escuchar cómo reacciona su cuerpo a los cambios energéticos cuando recibe mensajes espirituales. De este modo, el lapislázuli le permite captar pistas de su entorno, fortaleciendo sus capacidades psíquicas en el proceso.

Sodalita

La sodalita calma su mente y le permite ver las cosas con mayor claridad, incluso lo que hasta entonces desconocía. Impide que lo analice todo en exceso, especialmente los mensajes que recibe de sus benefactores espirituales. Al animarle a aceptarlos tal y como son, la piedra eleva su espíritu a un nivel superior de conciencia. Al trabajar con la sodalita, también aprende a captar las frecuencias sutiles, una habilidad esencial para desarrollar sus capacidades de clarividencia.

Labradorita

Cuando desee una visión de su vida pasada en lugar de la de sus ancestros, debe recurrir a los poderes de la labradorita para que le ayude. Esta piedra puede abrir su mente a revelaciones sobre su propósito espiritual, incluyendo las razones de sus sensaciones viscerales actuales. Le ayudará a comprender cómo funciona su intuición, para que pueda aprender a confiar en ella en lo que respecta a la adivinación, la telepatía y otras prácticas psíquicas.

Serpentina

Esta es una gema recomendada para desarrollar sus intuiciones. Funciona realineando sus chakras para restablecer el flujo ininterrumpido de energía por todo su cuerpo. Cada vez que reciba un mensaje de sus benefactores espirituales, puede confiar en esta piedra para traducirlo y responder adecuadamente. Tanto si necesita orientación, ayuda con la adivinación o cualquier otra cosa, la serpentina situará la respuesta en una perspectiva más elevada, eliminando toda confusión. Esto elevará su espíritu una vez que comprenda lo que es inevitable y lo que puede cambiar con acciones.

Cianita

La cianita es otra piedra preciosa de la que se cree que mejora las capacidades de clarividencia. Puede ayudarle a canalizar la energía, revelar la adivinación y amplificar sus poderes intuitivos. Gracias a ello, la cianita le permitirá descubrir dones y talentos espirituales ocultos. También facilita la comunicación con su guía espiritual y le permite saber cuándo necesita protección o una respuesta a una pregunta apremiante.

Cuarzo transparente

El cuarzo transparente es uno de los cristales más utilizados para limpiar su sistema energético, lo que le permite ver todo con mayor claridad. Al incorporar esta piedra a su rejilla, cualquier mensaje espiritual que reciba le acercará a un propósito más elevado. A menudo se utiliza para la adivinación en sueños, ya que es el mejor momento para acceder a sus poderes de limpieza. En sus sueños, podrá desprenderse de cualquier idea errónea, prejuicio o patrón de pensamiento improductivo que le impidiera alcanzar todo su potencial psíquico. Cuando despierte, estará preparado para escuchar a su intuición y aceptar lo que le diga como verdad.

Formas sagradas para potenciar su desarrollo psíquico

Cada forma sagrada tiene su propia manera de ayudarle a desarrollar su intuición. A continuación, se enumeran las disposiciones más beneficiosas para este fin. Algunos son más adecuados para quienes tienen un mayor nivel de desarrollo espiritual, mientras que los novatos también pueden utilizar otros.

Triángulo

Como uno de los trazados de rejilla más sencillos de todos, un triángulo puede ser una herramienta útil para practicar el uso de las habilidades psíquicas. Ya simboliza un nivel superior de conciencia, como puede ver por el hecho de que apunta hacia arriba. El triángulo puede ayudarle a abrir las puertas de la espiritualidad a través del equilibrio representado por sus lados.

Tetraedro

Al estar relacionado con el elemento fuego, el tetraedro es la disposición ideal para reavivar el fuego interior de su intuición. Esto alimentará sus deseos internos, permitiendo que se realicen, se cumplan y le den poder espiritual. Estos patrones también pueden ayudarle a aceptar la responsabilidad en su práctica, incluso en su relación con su guía espiritual. Todos los lados del tetraedro apuntan a los niveles superiores de la espiritualidad, indicando que el único camino es hacia arriba.

Dodecaedro

El dodecaedro es conocido por aumentar los niveles de vibración a un plano espiritual superior, lo que lo hace perfecto para quienes desean perfeccionar sus habilidades psíquicas. Como símbolo universal del cielo y los cielos, los patrones le permiten formar vínculos más profundos con sus guías espirituales.

Merkaba

Aunque tiene una forma más compleja, el merkaba es una de las herramientas más eficaces para potenciar los poderes físicos. Su forma simboliza energías opuestas, que necesitan equilibrarse para que usted obtenga niveles más profundos de desarrollo espiritual. Puede ayudarle a canalizar sus habilidades en la dirección correcta. Aunque busque una rejilla para otros fines, al recurrir a esta en primer lugar estará recurriendo al más sagrado de los símbolos.

Consejos para elegir el patrón adecuado

Cuando se trata de sanación, el secreto para elegir el patrón apropiado para conectar con su guía espiritual es establecer una intención para ello. Puede hacerlo a través de la meditación, ejercicios de conexión a tierra o incluso utilizando cristales individuales como herramientas de fortalecimiento. Si acaba de iniciar su viaje espiritual, puede empezar estableciendo su intención de sanación en general. Esto le ayudará a ponerse en contacto con su intuición y escucharla a la hora de elegir las piedras y la disposición de su rejilla. Redescubrir su intuición es también el primer paso en su viaje hacia el desarrollo psíquico. Cada vez que utiliza las rejillas para aprovechar su intuición, también eleva sus capacidades psíquicas a un nuevo nivel. Y cuanto más crezcan estas, más le ayudarán en su viaje espiritual, incluida la comunicación con sus guías espirituales.

Una vez que aprenda a escuchar su intuición, también podrá fijar su intención en la conexión a tierra o en la protección. La primera le acercará al mundo espiritual y la segunda establecerá contacto con un espíritu que le ayude o con su guía personal. Para ello, lo mejor es utilizar piedras como el cuarzo ahumado, la hematites, la piedra de sangre o el jaspe rojo. Estas bloquearán la energía negativa de su espacio y establecerán un equilibrio para que pueda desarrollar sus capacidades psíquicas. Utilice piedras como la selenita o el cuarzo transparente en el centro de su rejilla para elevar sus vibraciones

Capítulo 9: Rejillas de cristal para la comunicación con los espíritus

Además de recurrir a sus guías espirituales para que le ayuden con las prácticas de adivinación y sanación, las habilidades de comunicación espiritual también pueden servir para otros fines. Por ejemplo, puede mantener una conversación sencilla con seres queridos que hayan fallecido recientemente. Se cree que las almas de los difuntos permanecen en el mundo espiritual durante algún tiempo antes de seguir adelante. Sin embargo, algunas almas permanecen durante un periodo más largo y puede que necesiten un poco de ánimo por su parte para ayudarles a seguir adelante. Este capítulo dedicado le mostrará cómo ponerse en contacto con los espíritus de sus seres queridos y mantener vivo su recuerdo.

Comunicarse con los espíritus a través del trabajo con rejillas

Hay muchas razones por las que puede elegir ponerse en contacto con el alma de su ser querido y otras tantas para que ellos se pongan en contacto con usted. Algunos espíritus no pueden seguir adelante, ya que viven muy cerca de la frontera de los reinos. Cuando tengan la oportunidad (por ejemplo, en sus sueños), cruzarán la frontera o enviarán un mensaje a través de otros espíritus que puedan hacerlo por ellos. De cualquier forma, sentirá su presencia, que puede resultar bastante intimidatoria. Aunque sus almas queridas no pueden hacerle daño, pueden ir acompañadas de otros espíritus que les influyan negativamente. Las almas de sus seres queridos son más vulnerables a las malas vibraciones, y pueden transferírselas a usted muy rápidamente. Por esta razón, una parte importante de sus esfuerzos de comunicación deben centrarse en proporcionar protección contra los espíritus maliciosos. Una vez hecho esto, podrá comunicarse con sus seres queridos con mayor libertad. Algunos simplemente no cruzan al otro lado porque temen lo desconocido, les queda algo por decir o son reacios a dejarle atrás. Puede ayudar a las almas de sus seres queridos escuchando el mensaje que aún tienen que transmitirle. También puede asegurarles que seguir adelante será espiritualmente satisfactorio para ellos y para usted.

A diferencia de los guías espirituales, que normalmente están preparados para ser contactados o saben cómo llegar hasta usted, las almas de sus seres queridos pueden no estar familiarizadas con la comunicación espiritual. Ahora bien, a menos que hayan sido versados en ella durante su vida o hayan vivido en el mundo espiritual durante mucho tiempo, comunicarse con usted no les resultará tan fácil. Así que, para escucharlos, debe elevar su conciencia a un nivel superior y calmar su mente para que pueda centrarse en los mensajes sutiles que recibe. Las rejillas de cristal pueden elevar rápidamente sus vibraciones, permitiéndole entrar en contacto con su espíritu e indagar sobre las razones de su permanencia en el mundo espiritual. Las rejillas pueden combinarse con cualquier otra práctica de recuerdo, gratitud y sanación. Proporcionan muchas oportunidades para conectar con el espíritu de sus seres queridos.

Las rejillas de cristal no solo elevan sus vibraciones, sino que también puede utilizarlas para incitar a los espíritus a que bajen las suyas, de modo que puedan encontrarse en el medio.

La forma más directa de comunicarse con los espíritus es meditar junto a una rejilla de cristal que acabe de cargar con su intención.

Cristales que facilitan la comunicación espiritual

Muchos cristales pueden facilitar de forma natural la comunicación espiritual y la claridad para ayudarle a recibir y comprender los mensajes que se le transmiten. He aquí algunos de los más utilizados.

Obsidiana

Como ya se ha mencionado, necesitará mucha protección cuando contacte con el mundo espiritual. La obsidiana puede salvaguardar su energía de influencias negativas y enraizarle durante y después del proceso de comunicación. También le ayuda a desarrollar su intuición, facilitándole descifrar los mensajes recibidos del mundo espiritual.

Azabache

El azabache es otro cristal con una importante capacidad de enraizamiento. Puede servirle como herramienta de protección, especialmente si está esperando un mensaje cuando viaja física o espiritualmente. El azabache le devuelve cuidadosamente al presente, por lo que no estará tan confuso tras su llegada.

Selenita

La selenita se utiliza principalmente para limpiar su sistema energético antes de comunicarse con el reino espiritual. Sin embargo, también puede utilizarla durante su comunicación. Esta piedra también limpiará la energía del espíritu con el que se está comunicando, facilitando su interacción.

Cuarzo transparente

Cuarzo transparente

Timon Jähnert, CC BY 2.0 <https://creativecommons.org/licenses/by/2.0>, vía Wikimedia Commons: https://commons.wikimedia.org/wiki/File:Natural_Clear_Quartz_(48341137417).jpg

Al igual que la piedra anterior, esta gema también purifica su sistema energético. Sin embargo, el cuarzo claro también puede amplificar y canalizar su energía hacia su intención. También puede crear un pasadizo entre este mundo y el reino espiritual, facilitándole el contacto con los espíritus y que ellos lleguen hasta usted.

Charoita

Esta piedra no solo le permitirá comunicarse con los espíritus, sino que también canaliza todas sus energías en la dirección correcta, para que puedan encontrarse en el centro. Tanto si prefiere recibir mensajes a través de sonidos, vistas, olores o impresiones, la charoita le ayudará a conseguirlo.

Ágata de encaje azul

A diferencia de muchas otras gemas, el ágata de encaje azul no ayuda a la comunicación con los espíritus afectando directamente a sus vibraciones. En su lugar, equilibra sus emociones, facilitándole elevar sus vibraciones por sí mismo y recibir los mensajes apropiados de los espíritus.

Celestita

La celestita se utiliza normalmente para establecer una conexión con el mundo espiritual. Tiene un efecto calmante, disipando eficazmente las preocupaciones que a menudo le distraen cuando intenta comunicarse con los espíritus. También puede hacerle pasar suavemente de estar despierto a un sueño y permitirle percibir mensajes espirituales mientras duerme. Cuando se despierte, será capaz de recordar e interpretar la información que ha recibido.

Apofilita

La apofilita es otro cristal fantástico para comunicarse con los espíritus de sus seres queridos. Le conecta con el mundo espiritual y mejora su capacidad de manifestación durante la práctica de la meditación. También le ayuda a recordar los sueños que contienen mensajes de los espíritus. Esto se debe a que la apofilita mejora sus funciones cognitivas, permitiendo que su mente descanse y procese sus sueños durante el sueño. Se despertará con claridad mental y sabrá qué hacer para ayudar a los espíritus de sus seres queridos.

Amatista

Al abrir sus chakras superiores, esta gema le permite alcanzar un nivel superior de conciencia y conocimiento durante las prácticas de comunicación espiritual. La amatista le permitirá concentrarse, de modo que usted y el espíritu con el que esté contactando puedan mantener una conversación significativa, incluso si esto ocurre durante sus sueños. Cuando se combina adecuadamente, este cristal también puede proteger sus emociones.

Formas geométricas sagradas a utilizar

Paralelamente, las formas sagradas de la geometría también le resultarán útiles a la hora de comunicarse con diferentes espíritus. He aquí los patrones geométricos más utilizados para cruzar la barrera entre este mundo y el reino espiritual.

Círculo

La forma más fácil de conectar con cualquier espíritu es utilizando un sencillo diseño en círculo para su rejilla cristalina. Un círculo simboliza la eternidad y la continuación sin fin de los ciclos vitales. Esto puede ayudarle a usted y al alma con la que está hablando a comprender que su partida no es el final de su viaje. Es simplemente la puerta de entrada a otra vida; cuanto antes sigan adelante, antes podrán empezar una nueva vida.

Flor de la vida

Aunque la rejilla de la flor de la vida es adecuada para muchos otros fines curativos, funciona excepcionalmente bien para las comunicaciones espirituales. Dado que facilita la formación de una conexión significativa con cualquier alma difunta, tanto los principiantes como los practicantes experimentados pueden utilizarla. Tanto si conocía bien a la persona en vida como si no, y tanto si tiene experiencia estableciendo una conexión espiritual, la flor de la vida le guiará por el proceso con facilidad.

Merkaba

El merkaba simboliza el cuerpo, la luz y el espíritu. Requiere que preste atención al ritual de comunicación, enseñándole la importancia de cada elemento individual. Al aprender a limpiar y preparar esta rejilla, comprenderá lo que le ayuda a transmitir correctamente los mensajes hacia y desde el mundo espiritual y lo que no debe hacer para evitar influencias externas negativas.

Semilla de la vida

Aunque el patrón de la semilla de la vida ya está contenido dentro de la flor de la vida, sacarlo y utilizarlo como rejilla independiente realza sus poderes. En ella encontrará los símbolos de la creación, los ciclos armoniosos que le aseguran la continuación de la vida a través de los muchos reinos del universo. Así, aunque un alma no esté destinada a regresar a este mundo de inmediato, tendrá un propósito en otro lugar.

Árbol de la vida

Las raíces de este árbol tienen un efecto de enraizamiento y elevarán su vibración a niveles superiores. Esto sana su sistema energético y abre su mente para la comunicación espiritual consigo mismo y con otras almas que habitan el mundo espiritual. Por otro lado, la copa del árbol representa la unidad de uno mismo con el universo, que incluye incluso el mundo espiritual. Existe un fuerte paralelismo entre esto y la visión de nuestra psique como un mapa con ramas interconectadas.

El cubo de Metatrón

Con sus esferas que representan la energía femenina y sus líneas rectas interconectadas que representan la energía masculina, el cubo de Metatrón es el símbolo definitivo del equilibrio espiritual. Al trabajar juntos como un campo de energía unificado, estos poderes opuestos le enseñarán a equilibrar sus pensamientos y emociones y a ser más receptivo a la comunicación espiritual.

Vesica piscis

Este trazado es un patrón complejo lleno de similitudes y diferencias. Incluye varios círculos superpuestos, que representan la conexión entre este mundo y el espiritual. El pez del centro del símbolo vesica piscis representa al creador del universo, que puede ayudarle a ponerse en contacto con cualquier alma que habite en el mundo espiritual.

Nudo celta

Una versión potenciada del círculo y del símbolo del infinito, el trazado del nudo celta representa la interconexión de los distintos mundos y vidas. Es otro recordatorio útil de que nuestras almas tienen un propósito y que nuestra misión a lo largo de todos nuestros ciclos vitales debe ser cumplir este propósito.

Icosaedro

Estrechamente ligado al elemento agua, el icosaedro representa nuestra creatividad y nuestras emociones. Se recomienda para situaciones en las que luche por encontrar un terreno común con un alma difunta a través de medios tradicionales como la mediación, los hechizos, los rituales y los cristales individuales. Esta disposición le ayudará a encontrar otras formas creativas de intercambiar mensajes con ellos sin correr el riesgo de romper su vínculo.

Pentagrama

Por último, el pentagrama es uno de los símbolos paganos más antiguos, comúnmente asociado a las prácticas wiccanas. Tiene cinco puntas que representan los cinco sentidos, enfatizando su importancia en las comunicaciones espirituales. Al fin y al cabo, un espíritu con el que aún no se ha comunicado puede no ponerse en contacto con usted de la forma que usted espera. La rejilla del pentagrama le ayudará a captar cualquier indicio que estén dejando entrever.

Consejos adicionales para comunicarse con los espíritus

Si acaba de sumergirse en la comunicación espiritual, es aconsejable que empiece con formas de rejilla sencillas y solo unos pocos cristales. Utilizar demasiados instrumentos le confundirá a usted y al alma con la que intenta ponerse en contacto y solo provocará estrés y un comportamiento perturbador. Los cristales son receptivos a todo tipo de energía. Así que, hasta que aprenda a protegerse tanto a sí mismo como a sus herramientas, utilizar demasiados cristales solo aumentará el riesgo de exponerse a influencias negativas.

Escuche a su intuición cuando elija sus piedras y céntrese solo en las que realmente hablen con sus vibraciones. A veces, esta es una señal temprana de que un espíritu intenta llegar a usted. Aplique el mismo principio cuando elija a qué alma responderá. Comunicarse con espíritus que albergan demasiadas emociones negativas y que se niegan a dejarles marchar no es lo mejor para usted. Céntrese en aquellos a los que puede ayudar y que elevarán su espíritu.

Al principio, tendrá que esforzarse más para mantenerse centrado en su intención de llegar a un espíritu concreto. Sin embargo, después de un tiempo, ser intencional será como una segunda naturaleza para usted, y el trabajo en red le ayudará con eso. Solo tiene que dejar que le guíe hacia los fundamentos de la comunicación espiritual y abrazar los mensajes positivos que reciba.

Para los novatos, además de tener la rejilla a su lado, también es útil sostener una piedra de conexión a tierra mientras se comunica con un espíritu. Si no le responden inmediatamente, mantenga la piedra en sus manos unos minutos más para ver si le contestan. Al principio, los mensajes que reciba llegarán con vibraciones mucho más altas de las que su cuerpo está acostumbrado a manejar. Necesitará la piedra de enraizamiento para estabilizar su energía y mantener la cabeza despejada, lo que le permitirá interpretar los mensajes correctamente. Esto se debe a que las almas (especialmente las que han pasado recientemente al mundo espiritual) tienen muchas emociones que procesar, y esto hace que tengan vibraciones más elevadas. Puede pasar algún tiempo hasta que aprendan que deben ir más despacio para que usted las entienda.

Los espíritus pueden ponerse en contacto con usted de muchas maneras. Puede esperar a tener noticias de los espíritus con los que desea contactar mientras medita, o puede pedirles que le envíen su mensaje más tarde a lo largo del día. Sin embargo, incluso después de ponerse en contacto con ellos a través del medio que prefiera, no hay garantía de que le devuelvan el mensaje de inmediato a través de ese mismo canal. Puede que se lo envíen después, en sueños. Aquellos que han fallecido recientemente a menudo encuentran que esta es la forma más fácil de comunicarse con los que dejaron atrás, sabiendo que sus mensajes serán recibidos con calma sin perturbar las emociones del destinatario. Coloque la rejilla de comunicación debajo de su cama y prepárese para escuchar sus sueños. Puede que quiera tener papel y bolígrafo listos a su lado para escribir o esbozar lo que vio en sus sueños en cuanto se despierte.

Capítulo 10: Rejillas de cristal para el hogar

Su hogar es su espacio seguro y su refugio. Debería ser abundante en energía nutritiva y protectora. Cuando su hogar está libre de energía negativa, le permite recargarse de las complejidades y el estrés del mundo exterior. Cuidar de su hogar es también un acto de autocuidado. Al final del día, puede volver a un retiro tranquilizador donde desconectar del mundo exterior.

Como ya sabe, los cristales curativos se han utilizado en los hogares para deshacerse de las emociones negativas y las malas vibraciones reprimidas en todas las habitaciones y espacios y promover un mejor sueño, la prosperidad y la abundancia. Su hogar es el lugar donde puede relajarse e interactuar con las personas que más quiere. Utilizar cristales y disponerlos de forma consciente puede ayudarle a comunicarse eficazmente con su familia y compañeros de casa, proteger su hogar de las vibraciones negativas que los visitantes puedan llevar a su casa y promover un ambiente acogedor y hogareño.

Dado que la energía se transmite fácilmente, podemos traer involuntariamente energía negativa a nuestros hogares después de haber tenido un día de trabajo estresante o una discusión con un ser querido. Utilizar piedras curativas protectoras para hacer rejillas de cristal puede ayudar a evitarlo. Cuando los cristales aseguran su hogar, puede cultivar límites protectores, mantenerse de buen humor, crear un ambiente amoroso y compasivo, promover la creatividad y fomentar las interacciones positivas. Cuando su hogar absorbe energía negativa, se vuelve lúgubre y desencadena pensamientos y sentimientos intrusivos como la frustración, la ira y la tristeza.

Hay muchas formas de utilizar cristales protectores para proteger su hogar. Aunque llevarlos puestos o encima puede ser eficaz, le recomendamos que los coloque en las entradas de su casa para evitar que penetre la mala energía. Las rejillas de cristal son, por supuesto, una forma de aprovechar al máximo sus cristales protectores.

Las piedras curativas pueden servir para más de un propósito. Es probable que también se haya encontrado con la mayoría de los cristales que mencionaremos aquí en los capítulos anteriores. En este, encontrará una combinación de piedras que pueden ayudarle a bloquear la energía negativa y otras que conllevan atributos como seguridad y paz. Los cristales negros suelen ser las piedras curativas protectoras más fuertes. Esto se debe a que pueden soportar la negatividad y mantener su destreza y estabilidad. Los cristales negros también pueden proteger su aura de las energías tóxicas y negativas, especialmente de aquellas que quieran traer problemas a su hogar.

En este capítulo, le recomendaremos piedras curativas que embellecerán su hogar y garantizarán que permanezca protegido. También descubrirá qué disposiciones de la rejilla de cristal puede utilizar para potenciar sus propiedades.

Piedras curativas para la protección del hogar

A continuación, le presentamos algunas piedras curativas para la protección del hogar y cómo puede utilizarlas eficazmente:

Turmalina negra

Manténgala cerca de los alféizares de las ventanas y de las puertas para su protección.

La turmalina negra tiene energías protectoras y curativas. Puede mantenerle con los pies en la tierra y ayudarle a eliminar las energías negativas del entorno. Mantener este cristal en su casa, especialmente junto a ventanas y puertas, puede hacerle sentir seguro cada vez que entre en su hogar. Esta piedra garantizará que la energía de su hogar permanezca protegida independientemente de la energía que puedan portar sus visitantes.

Cuarzo rosa

Utilice esta piedra para facilitar las conexiones e infundir confianza y compasión cuando surjan tensiones.

Esta piedra curativa del chakra del corazón irradia energía positiva, compasiva y suave. Si su familia o sus compañeros de piso tienen dificultades para llevarse bien, el cuarzo rosa puede ayudar a que todos se abran. Trabajar con esta piedra puede sanar el corazón y suscitar cualidades positivas como la confianza, la tolerancia y la empatía. Este cristal nutritivo puede ayudar a disolver la tensión y facilitar la conexión.

Ágata de encaje azul

Manténgala cerca de la cama para favorecer la tranquilidad y un sueño apacible.

El ágata de encaje azul es tan relajante y calmante como parece. Emana tranquilidad y, al estar asociada con el chakra de la garganta, favorece una comunicación eficaz. Esta piedra curativa puede ayudarle a aliviar su estrés. Colocarla cerca de su cama puede favorecer un sueño nocturno reparador.

Citrino

Utilice esta piedra para obtener energía positiva y abundancia, especialmente durante el invierno.

Esta piedra curativa brillante y alegre atraerá sin duda energía positiva a su hogar. El citrino alivia el estado de ánimo de todos los que la rodean y es tan eficaz como un amuleto de la buena suerte. Tenga este cristal en su casa para atraer la abundancia y la luz del sol. Si su casa se oscurece en invierno, puede combatir el trastorno afectivo estacional trabajando con el citrino.

Amatista

Trabaje con la Amatista siempre que se sienta ansioso o estresado y siempre que desee conectar con su yo espiritual superior.

La amatista puede ayudar a aliviar los sentimientos de estrés y ansiedad, promoviendo un ambiente de serenidad general. Esta piedra curativa puede ayudarle a combatir la niebla cerebral y permitirle conectar con el aspecto más elevado de sí mismo. Mantenga esta piedra alrededor de su casa cuando las cosas se pongan estresantes para evitar que la energía negativa se propague al interior. Si está leyendo este libro, probablemente se esté embarcando en un viaje espiritual o psíquico. Trabajar con esta piedra puede ser increíblemente beneficioso en un momento así.

Aguamarina

Esta piedra curativa puede ayudar a mantenerle a usted y a su hogar a salvo en tiempos de problemas. También puede utilizarla para mejorar su sueño.

¿Sabía que se creía que los marineros llevaban aguamarina como protección? Se decía que este cristal podía evitar que se ahogaran. Usted puede hacer lo mismo con su propia casa. Siempre que se le presenten problemas, puede utilizar esta piedra para navegar con seguridad a través de las mareas crecientes. Es una herramienta magnífica para combatir el estrés y superar acontecimientos tóxicos. Si lucha contra el insomnio u otros problemas relacionados con el sueño, mantenga esta piedra junto a su cama para que le ayude a conciliar el sueño.

Selenita

Utilice este cristal siempre que su hogar se sienta oscuro y desequilibrado.

Si las vibraciones de su hogar se han sentido bloqueadas últimamente, es hora de limpiar esta energía negativa utilizando este cristal. La selenita puede ayudarle a eliminar la pesadez en el aire, trayendo luz y alegría a su hogar. Esta piedra no solo desata sus propiedades metafísicas aireadas y positivas, sino que también permite que la luz natural brille siempre que el ambiente se sienta apagado y lúgubre.

Cornalina

Utilícela cuando a su casa le falte alegría, creatividad y energía hogareña.

Esta piedra curativa ardiente y apasionada aporta calidez y optimismo al hogar. Utilice esta piedra siempre que anhele una chispa de creatividad o desee oír risas llenando el espacio. La cornalina es una piedra nutritiva, enraizante y reconfortante que puede hacer que su casa se sienta más como un hogar. Mantenerla en el lado sur de su casa puede ayudarle a atraer la abundancia a su vida.

Cuarzo transparente

Manténgala en todas las habitaciones para manifestar seguridad, protección y energía positiva.

El cuarzo transparente es la piedra ideal para la limpieza y la sanación. Puede ayudarle a dar vida a sus manifestaciones de protección y seguridad en el hogar. Puesto que el cuarzo transparente puede ayudarle a conseguir lo que desea, debe fijar sus intenciones mientras trabaja con esta piedra. Puede aprovechar al máximo la energía de este cristal colocándolo en cada habitación. De este modo, se asegurará de que todo su espacio rebose de energía positiva.

Aventurina verde

Tenga Aventurina Verde en casa para impulsar la productividad y promover interacciones saludables.

La aventurina verde es ampliamente conocida como el cristal de la suerte y la oportunidad. Sus propiedades metafísicas resplandecen de positividad y bienestar. Esta piedra curativa puede ayudar a aportar paz mental y reforzar sus vínculos con los demás. Puede ayudar a expulsar la energía negativa, aumentar la concentración y mejorar la memoria. Colóquela cerca de su escritorio o lugar de trabajo para que el ambiente sea más productivo. También puede utilizarla siempre que sus compañeros de casa carezcan de interacciones saludables.

Lapislázuli

Lapislázuli
Teravolt en Wikipedia en inglés, CC BY 3.0 <https://creativecommons.org/licenses/by/3.0>, vía Wikimedia Commons: https://commons.wikimedia.org/wiki/File:LapisLazuli.JPG

El lapislázuli puede proteger su hogar de energías dañinas y apoyar sus prácticas espirituales.

Muchas culturas antiguas utilizaban esta piedra de color azul para alejar los ataques psíquicos. El lapislázuli también se asociaba con el arte, la creatividad y la realeza. Utilice esta piedra curativa para mantener el equilibrio emocional o incluso para apoyar sus esfuerzos de trabajo onírico. Este cristal puede ayudarle a mantener su hogar protegido de vampiros energéticos y otras energías intrusivas.

Hematita

Mantenga la hematita en casa para proteger su energía en todo momento y beneficiarse de sus atributos centrados y alentadores.

La hematita se asocia con el vigor y la magia. Trabajar con este cristal puede infundirle determinación, darle valor y fuerza y potenciar su fuerza de voluntad. La hematites puede proteger su hogar porque actúa eliminando las energías potencialmente dañinas. Es rica en energías de conexión a tierra y puede ayudarle a mantenerse centrado y en la tarea.

Cuarzo ahumado

Utilice el cuarzo ahumado siempre que necesite deshacerse del exceso de energía negativa.

No hay mejor cristal para eliminar las malas vibraciones que el cuarzo ahumado. Este cristal curativo es rico en energías de enraizamiento, positivas y de limpieza. Puede ayudarle a liberar su mente de pensamientos negativos. También puede ayudarle a aliviar toda esa autoconversación desfavorable y la mala energía que irradia de ella. Se asegurará de que su entorno nunca experimente el impacto de sus hábitos nocivos.

Labradorita

Trabaje con la labradorita si quiere que su hogar se sienta como un refugio seguro.

Aunque esta piedra curativa tiene sus cualidades mágicas, nunca deja de mantenerle en contacto con su auténtico yo. La labradorita es ideal para cultivar relaciones profundas y fuertes con su yo interior. Esta piedra está vinculada a los chakras del tercer ojo y la garganta, lo que significa que puede ayudarle a refinar su intuición y mejorar su comunicación. Colocar este cristal en casa puede ayudar a fomentar la autoexpresión y la comunicación libre y eficaz, asegurando que todos se lleven bien y se sientan escuchados. La labradorita puede ayudarle a que su hogar se sienta como un espacio seguro en el que puede decir lo que piensa y hablar abiertamente de sus sentimientos.

Pirita

La pirita es un amuleto de la buena suerte que puede utilizar para atraer la abundancia y la prosperidad a su hogar. Utilícela para fomentar el bienestar general de los habitantes del hogar y despertar la creatividad.

La pirita es conocida por su energía potente y estable. Se asocia con la prosperidad, la abundancia y la buena fortuna en numerosos ámbitos de la vida, como la riqueza, la salud y la calidad de pensamiento. Mantener esta piedra curativa en su hogar puede atraer la buena suerte y asegurar el bienestar de su familia. La pirita le ayudará a alejar la negatividad para dejar espacio a mayores oportunidades. Si lo desea, puede tenerla cerca de su despacho, espacio de trabajo o incluso rincón de arte para despertar la energía creativa y desencadenar ideas innovadoras.

Obsidiana negra

Colocar obsidiana negra en las ventanas y puertas de su casa puede ayudarle a atrapar y liberar la energía negativa.

La obsidiana negra es tan mística como su aspecto. Este cristal posee cualidades vigorosas que pueden ayudarle a usted y a su hogar a protegerse de las energías negativas y los ataques psíquicos extraños. Esta piedra curativa funciona mejor cuando se coloca en las puertas y ventanas de su casa. De esta forma, puede garantizar que ninguna mala vibración penetre en su hogar, asegurándose de que cualquier energía negativa atascada sea reconocida plenamente para que pueda salir de su casa de forma segura.

Ónice

El ónice puede ayudarle a dejar atrás la ansiedad, las preocupaciones, el estrés y las malas vibraciones cuando cierre la puerta principal de su casa. Es ideal si se está embarcando en su viaje de sanación o necesita ayuda para superar patrones perjudiciales.

Si es propenso a la ansiedad, puede llevarse esta energía a casa. Esto también se aplica a otras emociones negativas. Si las cosas han sido estresantes en el trabajo últimamente, esta energía nerviosa e inquieta también se filtrará en su casa. Puede combatir esto manteniendo ónice en la puerta de su casa. Este cristal actúa como una barrera protectora, permitiéndole dejar atrás el estrés, los miedos, las preocupaciones y las fobias. El ónice favorece la curación y puede ayudarle a superar heridas del pasado. También promueve la alegría y la buena fortuna y puede permitirle tomarse momentos conscientes para reflexionar y meditar. Es especialmente útil para cualquiera que esté atravesando grandes cambios o agravios en la vida. Este cristal puede ayudarle a eliminar malos patrones de pensamiento, decisiones y comportamientos que le mantienen atascado en sus viejas heridas.

Rejillas de cristales de protección para el hogar

Puede utilizar cualquiera de los cristales curativos mencionados para crear las siguientes rejillas de cristales. Déjese llevar por su intuición o elija los que se alineen con su intención. Por ejemplo, si desea disipar la tensión entre los miembros de una familia, le recomendamos que utilice cuarzo rosa. Para protegerse contra las energías adversas y los ataques psíquicos, opte por la obsidiana negra.

Nunca hay una elección equivocada cuando se trata de seleccionar cristales. Todos los cristales funcionan en armonía, lo que significa que sus energías no pueden entrar en conflicto entre sí. Dicho esto, hay que tener cuidado cuando se utilizan varios cristales poderosos a la vez porque pueden sentirse abrumados cuando ocurren muchas cosas simultáneamente.

Cuando emplee cristales protectores, recuerde que puede ser necesario cambiarlos a menudo. Esto se debe a que están constantemente recogiendo y descomponiendo la mala energía. Limpiarlos y cargarlos es esencial si quiere que sigan siendo eficaces. Déjelos a la luz de la luna o alrededor de cuarzo transparente, selenita u otros cristales de carga.

Las siguientes son las disposiciones de la rejilla cristalina recomendadas para la protección del hogar:

- El cuadrado
- La cruz
- El diamante

Rejilla de cristal para la limpieza del hogar

Puede utilizar esta rejilla para limpiar la energía de una habitación concreta o de toda su casa. Si piensa limpiar toda su casa, utilice el suelo del hogar para colocar su rejilla.

Herramientas y cristales

- Cuatro varitas de selenita natural
- Cuatro piedras grandes de turmalina negra

Esta rejilla de cristales combina la cruz, que protege contra las energías negativas, el cuadrado y el diamante, que proporciona apoyo medioambiental.

Instrucciones
1. Diga su intención: "Utilizo esta rejilla de cristal para mantener mi (habitación o casa) constantemente purificada, equilibrada y limpia".
2. En las esquinas de su habitación de la planta baja, coloque las cuatro piedras volteadas grandes de turmalina negra.
3. Coloque las cuatro varitas de Selenita natural en el centro de su pared. Deben estar en el centro, entre cada 2 piedras de turmalina negra.

Rejilla de cristales para bendecir su hogar

Al igual que la rejilla anterior, puede utilizar esta disposición para bendecir la energía de una habitación específica o de toda su casa. Si piensa limpiar toda su casa, utilice la planta baja para colocar su rejilla.

Herramientas y cristales
- Cuatro grandes puntas de cristal citrino

Esta rejilla de cristal es una combinación del cuadrado y la cruz. Proporciona apoyo y puede ayudarle a conectar con las energías espirituales.

Instrucciones
1. Diga su intención: "Estoy utilizando esta rejilla de cristal para atraer bendiciones y energía positiva de alta vibración a mi (habitación o casa)".
2. En la esquina de su planta baja o habitación objetivo, coloque las puntas de cristal de citrino. Deben apuntar hacia dentro, de forma que formen una cruz.

Rejilla de cristal para la protección del hogar

Puede utilizar esta rejilla para limpiar la energía de una habitación específica o de toda su casa. Si piensa proteger toda su casa, utilice la planta baja para colocar su rejilla.

Herramientas y cristales
- 1 ojo de tigre rojo grande
- 4 puntas grandes de cristal de turmalina negra

Esta rejilla combina el cuadrado y la cruz para crear límites seguros y rendir protección.

Instrucciones
1. Diga su intención "Estoy utilizando esta rejilla de cristal para proteger mi (habitación o casa) y a todos los que viven aquí de cualquier tipo de daño".
2. En el rincón de su planta baja o de su habitación objetivo, coloque las puntas de cristal de turmalina negra, de pie o apuntando hacia fuera.
3. Coloque el ojo de tigre rojo cerca de la puerta de entrada para que sea visible cuando entre.

Estas piedras curativas de protección pueden ayudarle a construir un espacio seguro en el que pueda vivir tranquilamente. Tener un hogar que fomente la energía positiva y le permita comunicarse y expresarse con facilidad es de suma importancia. Estas piedras y rejillas de cristal pueden ayudarle a liberar su hogar de cualquier energía no deseada y mantenerlo equilibrado.

Capítulo 11: Usos y mantenimiento de la rejilla de cristal

En este último capítulo, le orientamos sobre el uso y el mantenimiento de la rejilla de cristal una vez que la haya creado. Explicamos diferentes aspectos que debe conocer, como la activación de la rejilla y la carga de los objetos de la rejilla. Por último, comentamos cómo puede cuidar su rejilla a lo largo del tiempo.

Cómo utilizar su rejilla de cristal

Asegúrese de que el espacio en el que desea utilizar su rejilla de cristal está purificado y energizado. Puede emborronar o limpiar la habitación en la que desea colocar su rejilla para eliminar la energía negativa que puede afectar a los resultados deseados. Quemar hierbas sagradas e incienso alrededor de la habitación ayuda a limpiarla de energías negativas.

Cuando haya colocado su diseño geométrico impreso, puede empezar a colocar sus cristales en el patrón deseado. Dado que existen diferentes formas de formaciones geométricas, debe conseguir el patrón que mejor se adapte a sus necesidades. También puede considerar la posibilidad de dibujar una base cuadriculada de mandala, si no consigue utilizar uno de los diseños comunes. Asegúrese de utilizar cualquier cosa con simetría siempre que se adapte a sus deseos.

También puede construir su rejilla de cristal sobre un trozo de madera o una bandeja para poder moverla cuando la necesite. Debe mantener su rejilla intacta, ya que puede volver a utilizarla, dependiendo de su intención. Cuando coloque los cristales en su rejilla, empiece con el más grande en el centro y vaya hacia fuera. Coloque las piedras a intervalos uniformes a cada lado de la rejilla para crear equilibrio en la energía. También puede trabajar con la simetría de colores, pero esto puede no ser necesario si no tiene suficientes piedras. Las piedras preciosas más pequeñas deben colocarse en los bordes de la rejilla de cristal.

Puede utilizar diferentes piedras en su rejilla, lo que ayuda a crear un efecto poderoso. Su intención determina las piedras que debe incluir. Puede utilizar cuarzo rosa y otras piedras relacionadas con el amor si su intención se basa en este tema. No existe una fórmula única para trabajar con la rejilla, así que siéntase libre de experimentar.

Otras personas escriben su intención u objetivo en un pequeño trozo de papel antes de trabajar en la disposición de los cristales que desean. El papel se coloca entonces debajo de la piedra grande en el centro. Sin embargo, esto es opcional, ya que no reduce la eficacia de su rejilla si decide no incluirlo.

Activar una rejilla de cristal

Activar su rejilla de cristal es más crucial que crearla. Antes de utilizar su rejilla, debe activarla correctamente para que su resultado sea claro. Sin activación, es posible que no logre los objetivos deseados. El primer paso para activar la rejilla es tomarse un momento para observar su disposición. Admirar su trabajo es una de las mejores formas de mostrar aprecio en el mundo espiritual.

El siguiente paso es trazar su intención. Durante el proceso de creación de su rejilla, ya tiene su intención en mente, pero necesita definirla por última vez antes de comenzar su ritual. Exponga el resultado que pretende y cierre los ojos al tiempo que respira profundamente para finalizar la intención. Abra los ojos y comience a trazar con el dedo la línea invisible desde la piedra del centro. Asegúrese de tocar todas las piedras cuando realice el proceso de activación.

El principal propósito de activar su rejilla es asegurarse de que todas las piedras están sintonizadas y conectadas con las demás. Para lograr sus objetivos, todos los cristales deben trabajar juntos. Es posible que no pueda manifestar su intención utilizando una sola piedra, por eso la activación de los cristales es fundamental. Las intenciones de la rejilla de cristales tratan diferentes aspectos como el amor, la suerte, la atracción, la carrera o cualquier cosa que afecte a su vida.

Los cristales absorben energía constantemente y la pierden, lo que los debilita al cabo de unos días. Esto significa que necesita cargar sus piedras con regularidad y que debe mantener su rejilla en un lugar seguro para un rendimiento óptimo. Necesita reactivar sus piedras al cabo de tres días, y debe realizar esta actividad con su intención en mente. Puede repetir el proceso de reactivación de sus piedras hasta el momento en que consiga claridad mental. Reactivar sus piedras suele llevar menos de cinco minutos. Sus piedras pueden trabajar en su contra si no las atiende.

Intenciones de la rejilla de cristal

Puede pedir a su rejilla de cristal cualquier cosa que desee conseguir en la vida, y no hay límite. Sin embargo, recuerde que no puede utilizar su rejilla de cristal para malas intenciones como causar daño a alguien o desearle el mal. Además, su rejilla de cristal no puede protegerle de cosas inevitables en la vida como la muerte.

Los cristales tienen una vibración de frecuencia más alta que las experiencias humanas. Por lo tanto, no pueden causar experiencias de baja vibración a los usuarios como traer enfermedades o desarmonía. Los cristales proporcionan experiencias de alta vibración como protección contra daños, amplificación de emociones positivas, alineación con el destino y mayores oportunidades.

Sus intenciones determinan principalmente los resultados que obtendrá al utilizar su rejilla de cristal. Seleccione cuidadosamente el vocabulario y concéntrese en una intención cada vez. Concéntrese en su intención como si estuviera viendo una película. El universo reconoce un determinado tipo de vocabulario que debe utilizar. Evite las palabras negativas, ya que la ley de la atracción solo se alinea con los resultados positivos.

En el reino espiritual, todo es positivo, por lo que no debe pensar en la negatividad. El universo escucha todo lo que usted dice, por lo que debe evitar las negaciones. En su lugar, debe utilizar palabras de afirmación que resuenen con sus intenciones. Piense en positivo para obtener un resultado positivo. También puede utilizar una intención sin palabras en la que se visualice en la posición que desea. Si su intención es conseguir una casa nueva, imagínese viviendo en un lugar mejor que donde se encuentra actualmente.

¿Cómo se cargan los objetos de una rejilla?

Antes de utilizar sus piedras, debe limpiarlas de energía negativa y cargarlas con energía positiva. Limpiar sus piedras no consiste en dejarlas físicamente limpias, sino en eliminar la energía negativa.

Existen muchos métodos para limpiar y cargar los cristales, como el humo, la tierra, el agua, la intención y la luna llena, que es el más eficaz. La luna es un método poderoso para limpiar viejas energías y reajustar sus piedras para un nuevo trabajo. Además de resetear sus piedras, la limpieza puede absorber ciertas energías. Por ejemplo, piedras como la obsidiana y la turmalina están específicamente destinadas a combatir la negatividad y también pueden beneficiarse de una recarga regular.

Utilizar la luna llena para recargar sus piedras

Utilizar la luna llena es el método más sencillo para cargar y limpiar sus cristales. Todo lo que tiene que hacer es dejar las piedras en un espacio abierto con acceso a la luz de la luna. No deben amontonarse varias piedras, así que intente separarlas. Puede dejar sus cristales toda la noche para que todo el proceso se produzca de forma natural. Si vive en un apartamento, puede dejar sus cristales en el alféizar de una ventana. No es necesario celebrar una ceremonia o un ritual especial para limpiar sus piedras. La luz de la luna es suficiente y el proceso es natural. No requiere su intervención directa.

La luz de la luna saturará la piedra con las vibraciones asociadas a ella. Puede cargar su cristal para la cooperación, desafiar las normas y potenciar la intuición con una luna de Acuario. Dado que la luna está fuertemente asociada a la colaboración, también puede utilizar su rejilla de cristal para cargar y limpiar varias piedras a la vez. Déjese guiar por su intuición y permita que las piedras amplifiquen mutuamente sus energías en un patrón circular.

Puede fijar sus intenciones si lo que la luna le ofrece difiere de lo que tiene en mente. Sin embargo, debe realizar este trabajo adicional después de que la luna haya realizado su limpieza. Es fundamental limpiar primero las piedras antes de cargarlas. Debe sostener el cristal en la mano y concentrarse en su respiración, en la piedra y en su intención cuando cargue el cristal. Simplemente respire sobre las piedras y visualice.

Algunos prefieren utilizar la visualización de la luz o la respiración en la piedra. Cualquier imagen cómoda es buena, por lo que debe tener en cuenta su intención. Puede dejar su cristal a la luz de la luna durante unas horas y después meditar sobre su carga. Otras personas prefieren cargarlo al día siguiente. Puede hacer lo que desee, en función de sus objetivos deseados.

Algunas cosas pueden salir mal cuando limpia y carga sus piedras. Como perderse la luna llena, colocar la piedra en el lugar equivocado o cargarla en exceso. Afortunadamente, hay otras formas de cargar las piedras. Siéntese bajo la luz de la luna, medite sobre sus piedras o encuentre un espacio interior tranquilo. Otros cristales pueden agobiarse con la luz del sol o dañarse fácilmente al limpiarlos con agua. Otros son blandos y se rompen con facilidad, así que intente encontrar un método de carga suave que no les afecte. Cuando elija sus cristales, debe conocer los distintos métodos para limpiarlos.

Mantenimiento de su rejilla de cristal

Al crear su rejilla de cristal, necesita mantenerla, y puede hacerlo tomando diferentes medidas. Si trae su rejilla de algún lugar exterior, debe limpiarla de cualquier negatividad que haya podido recoger. Estos son algunos de los métodos que puede utilizar en función de su piedra:

- Mantenerla bajo agua corriente.
- Sumérjala en agua de mar.
- Colóquela bajo la luz de la luna o del sol.
- Limpie sus piedras con salvia u otras hierbas.

Si quiere que los cristales funcionen bien, lo ideal es limpiar mentalmente las energías negativas. Despeje el escepticismo sobre la capacidad de sus piedras que pueda tener. Debe respetar los cristales y tener fe en su potencial y en lo que pueden hacer por usted.

Sus piedras acumularán energía negativa cada vez que las utilice. Por ello, debe limpiar sus piedras al menos una vez al mes. Si siente que una piedra en particular se siente más pesada, debe limpiarla. Otras personas pueden limpiar sus piedras al cabo de unos días. Encuentre el método de limpieza que resuene con su intención e intereses. Algo que funciona para usted puede no funcionar para otra persona, así que elija el método de limpieza que se adapte a sus necesidades.

Después de la limpieza, su piedra debería sentirse más ligera física y energéticamente. Cuando sus piedras hayan sido limpiadas, asegúrese de guardarlas en un lugar apropiado y seguro. Por ejemplo, manténgalas cerca de plantas o ventanas donde puedan absorber la energía curativa natural. También puede colocar las piedras en su casa o en cualquier espacio en el que se encuentre, siempre que se alinee con sus intenciones.

Las rejillas de cristal se utilizan para diferentes fines, pero no pueden sustituir a los medicamentos. Son eficaces en actividades como la sanación espiritual y otros aspectos que pueden afectar a su vida, como el amor, la suerte y la carrera profesional. Si es escéptico sobre los poderes curativos de los cristales, es posible que no le sirvan de nada. Afortunadamente, los cristales no causan daño. Aunque no hay pruebas científicas que respalden la eficacia de los cristales en la curación, muchas personas creen en su poder. Si los prueba, puede que se lleve una agradable sorpresa.

Apéndice: Cristales de la A a la Z y sus propiedades

El número de cristales curativos de los que puede beneficiarse su práctica es mucho mayor de lo que se ha tratado en los capítulos anteriores. Este apéndice enumera los diferentes tipos de piedras curativas que los practicantes de diversas culturas y creencias espirituales utilizan en el trabajo en red o individualmente. Pueden utilizarse para la sanación, la adivinación, la orientación, las conexiones espirituales y mucho más. Recuerde que cada uno de ellos debe cargarse con una intención adecuada para alcanzar todo su potencial.

He aquí una lista de cristales junto con sus atributos curativos:

Ágata - Vinculada a los pies en la tierra, a un estado mental tranquilo y centrado, al chakra de la corona, a la autoaceptación y a dejar ir las lealtades equivocadas por las normas sociales y las relaciones malsanas.

Alejandrita - Asociada con la comprensión del propio propósito, la espiritualidad y la sabiduría, la limpieza, la renovación, la longevidad y la búsqueda de la alegría y la felicidad en la transformación espiritual.

Ámbar - Se utiliza para la protección energética durante los rituales, la adivinación y las prácticas curativas, la limpieza espiritual o la reducción de los síntomas del estrés, y la alineación física con los propios valores interiores.

Amatista - Relacionada con el alivio del estrés, la protección del espacio personal, las herramientas y el sistema energético, la regulación adecuada del estado de ánimo, las funciones cognitivas, un mejor sueño y el chakra de la corona.

Andara - Ayuda a establecer conexiones con entidades que emiten vibraciones de alta frecuencia, le permite manifestar sus deseos internos, expresar su autenticidad y revelar el camino espiritual adecuado.

Angelita - Promueve una cuidadosa sintonía con la energía de la naturaleza y el mundo espiritual, facilita la comunicación con los espíritus ancestrales y ayuda tanto a los vivos como a las almas de los difuntos a seguir adelante si es necesario.

Apofilita - Se utiliza para potenciar su intuición, le enseña a desarrollarla y a escucharla, lo que conduce a altas vibraciones, a un despertar espiritual y a mejorar las funciones del sistema endocrino.

Aguamarina - Conocida por su capacidad para atraer la buena suerte y la abundancia. También tiene un efecto calmante y refrescante sobre el cuerpo y el alma, equilibra el chakra de la garganta y ofrece la posibilidad de la introspección.

Auralita - Permite que el alma, la mente y el cuerpo se aquieten y serenen, vayan más despacio y disfruten de las cosas sencillas, liberándose de la carga del estrés.

Ágata de encaje azul - Proporciona confianza en sí mismo, vibraciones para la relajación, comunicación con el reino espiritual y un efecto refrescante en el cuerpo y el sistema nervioso tras una experiencia estresante.

Ágata dendrítica - Asociada con el crecimiento espiritual y material, el alivio del dolor, la liberación emocional, un sistema nervioso sano y la abundancia en riquezas espirituales.

Azabache - Proporciona protección energética, equilibra el sistema de chakras, eleva el estado de ánimo, ayuda a combatir las emociones y los procesos de pensamiento negativos y calma todos los miedos.

Calcita - Ayuda a disipar los miedos irracionales, alivia los síntomas de la ansiedad y la depresión, y calma el dolor en la zona del estómago, las náuseas, el vértigo y la tierra durante el viaje.

Celestita - Conocida por su capacidad para facilitar la sintonización con las actividades espirituales y proporcionar guía espiritual. También favorece todos los centros energéticos y desbloquea o cura los chakras de la corona, el tercer ojo y la garganta.

Citrino - Representa la riqueza y la prosperidad monetarias, el avance espiritual, las energías divinas, el chakra del plexo solar, una digestión óptima y una dieta equilibrada.

Cornalina naranja - Conocida por su capacidad para proporcionar un impulso de energía pura cuando se necesita, cargar otros cristales de la red, estimular el crecimiento espiritual y favorecer la salud reproductiva.

Cuarzo ahumado - Relacionado con la limpieza energética, la desintoxicación del cuerpo, la limpieza de la mente, la absorción de influencias negativas del sistema energético, la conexión a tierra, la conexión con la naturaleza y el universo, y el chakra raíz.

Cuarzo catedral - A menudo se asocia con las frecuencias vibratorias elevadas y la conciencia elevada. Favorece los efectos de la meditación y otros ejercicios de atención plena, el alivio del dolor y una sensación general de bienestar.

Cuarzo transparente - Vinculado a la protección espiritual, la limpieza energética, la resolución de problemas, la carga de otras herramientas espirituales, la potenciación del sistema de chakras, la comunicación con el reino espiritual y la inmunidad.

Cuarzo rosa - Se asocia con el amor, la compasión y otras emociones positivas, la dedicación espiritual y emocional a los seres queridos, la apertura del corazón (tanto del chakra como espiritual) y la mejora de la circulación sanguínea.

Diamante - Como símbolo del amor eterno, el compromiso espiritual, la fuerza, la fidelidad y la clarividencia, se utiliza a menudo para la protección y limpieza de todos los chakras y para atraer la buena fortuna.

Diamante Herkimer - Simboliza los esfuerzos creativos, los sentimientos viscerales, la comunicación abierta, el chakra de la garganta, el compromiso y la lealtad en la vida personal y profesional.

Esmeralda - Símbolo de la renovación y el crecimiento, la juventud, la esperanza, la fertilidad, la curación emocional y espiritual, el chakra del corazón, la naturaleza y la masculinidad divina.

Fenaquita - Esta piedra también provoca frecuencias vibratorias elevadas, pero ayuda al enraizamiento cuando los chakras superiores se están abriendo a una corriente repentina de energía fresca.

Fluorita - Se utiliza como escudo contra las vibraciones artificiales y las manipulaciones emocionales y psicológicas, o para proporcionar claridad mental, una mejor comunicación y habilidades de expresión creativa.

Granate - Vinculado al equilibrio en las relaciones, la pasión, la buena fortuna, el éxito profesional, las ganancias financieras y el amor que resiste la prueba del tiempo.

Hematita - Se asocia con el enraizamiento, el sueño reparador, el alivio de los síntomas de los trastornos sanguíneos, la búsqueda de su confianza, la voz interior y la capacidad de mantener la calma en momentos de estrés.

Jaspe - Se asocia con la limpieza de todos los chakras principales, la expulsión de la energía negativa del cuerpo, la elevada capacidad de organización y resolución de problemas, la imaginación vívida, la clarividencia y la clarisentencia.

Kunzita - Vinculada a la activación del corazón, al desbloqueo del chakra de la garganta, a derribar muros emocionales, a abrir la mente y a mejorar el estado de ánimo y la regulación del sistema endocrino.

Labradorita - Vinculada a la alineación espiritual, una visión clara de los propios valores internos, el equilibrio entre la sabiduría intuitiva y el raciocinio, y la protección energética de todos los chakras.

Lapislázuli - Se aplica a menudo por su efecto calmante, su sintonía con el mundo espiritual, su fuente de energía pura y serena y su capacidad para aliviar las migrañas y los dolores de todo el cuerpo.

Larimar - Vinculado a niveles vibratorios elevados, conciencia elevada, conciencia espiritual y física. Mejora los reflejos y los vínculos neuromusculares, abre el chakra superior y garantiza un flujo energético ininterrumpido a través de ellos.

Lepidolita - Ayuda a protegerse de las vibraciones artificiales, a romper patrones insanos, a abandonar relaciones y a reparar sus problemas espirituales y mentales.

Magnetita - Se asocia con la fuerza, la fidelidad y el compromiso inquebrantable. También contribuye a reducir los niveles de inflamación y a equilibrar las funciones de los órganos y los chakras.

Malaquita - Se utiliza para reducir la hinchazón y la inflamación y proporciona limpieza energética a la vez que desintoxica el organismo. También puede ayudar a romper ciclos y relaciones malsanas con elevación espiritual.

Morganita - Asociada con la virginidad, la inocencia, el amor divino, la compasión, la energía pura, el corazón abierto y la elevación del espíritu, junto con niveles vibratorios elevados.

Obsidiana - Un poderoso cristal protector con un efecto de enraizamiento y la capacidad de enfrentarse a sus demonios interiores y revelar verdades oscuras antes de que contaminen su energía.

Ojo de tigre - Asociado con la abundancia, la buena suerte, la sabiduría universal, el conocimiento interior, la integridad, la fidelidad, el coraje y la fuente de poder última, el más elevado de los espíritus.

Ópalo - Se utiliza para encontrar la paz interior, los medios para expresarse a través del arte y las prácticas mágicas, el amor y la lealtad en una relación, la veracidad en los demás y el equilibrio para el chakra de la garganta.

Peridoto - Ayuda a disipar las emociones negativas como la ira, el estrés, los celos, la inseguridad, los patrones de pensamiento perturbadores y la negatividad del chakra del corazón.

Petalita - Provoca altas vibraciones, la rápida apertura de los chakras superiores, la elevación de la conciencia y la preparación espiritual para diferentes propósitos.

Piedra Boji - Tiene un suave efecto de enraizamiento, que le permite conectar con la fuerza vital de la naturaleza y permanecer en el presente sin distraerse con preocupaciones sobre el pasado o el futuro.

Piedra de sangre - Se asocia comúnmente con la paciencia, un mejor sueño, un ritmo circadiano saludable, la limpieza energética, un sistema inmunológico más fuerte, una mejor circulación sanguínea y linfática, y el chakra del corazón.

Piedra de luna - Útil para calmar el malestar estomacal y aliviar otros problemas digestivos, proteger durante los viajes y el viaje espiritual, encontrar la alegría en las pequeñas cosas y establecer una comunicación clara.

Rodocrosita - Asociada con la búsqueda del amor incondicional y la apertura del corazón a la compasión, la alegría, la paz, la ternura y la capacidad de curar heridas emocionales.

Rodonita - Activa el chakra del corazón, abre el corazón, cura las cicatrices emocionales, alivia los síntomas del estrés y la ansiedad y le enseña a quererse tal y como es.

Rosa del desierto - Ayuda a protegerle a usted y a los que le rodean de influencias espirituales negativas, a eliminar todas las energías de baja frecuencia, a superar fobias y a ganar motivación y confianza en sí mismo.

Rubí - Simboliza los objetivos establecidos, la pasión por el trabajo, la vida, el juego, las relaciones y las aficiones, favorece la mejora de la circulación, la sexualidad y el equilibrio del chakra del corazón.

Selenita - Facilita establecer conexiones de alta frecuencia con espíritus y guías, enraizarse con la naturaleza, atraer energías superiores y encontrar el verdadero propósito espiritual.

Sílex - Puede ayudar a desarrollar una comprensión y unas habilidades de comunicación más profundas, a establecer la integridad, a expresar las emociones, los deseos ocultos y los propios valores espirituales.

Smithsonita - Útil para la curación emocional, desarrollar la compasión y formas de combatir toda la negatividad que le rodea, resolver cualquier conflicto pacíficamente y calmar su mente, cuerpo y alma.

Topacio azul - Puede ayudar a dejar atrás las heridas del pasado, los recuerdos dolorosos y las relaciones malsanas, a encontrar el camino de la vida y la verdadera humildad, y a equilibrar y desbloquear el chakra de la garganta.

Topacio blanco - Conocido por otorgar claridad mental, mejor sueño, mejora de las capacidades cognitivas, habilidades organizativas, motivación para encontrar propósitos y apertura mental.

Topacio dorado - A menudo revela una nueva e inusual fuente de energía y proporciona formas de calmar sus nervios, así como motivación para superar los obstáculos de la vida y un propósito en la vida.

Turmalina negra - Proporciona protección energética a su cuerpo, al espacio de trabajo y a los que le rodean, absorbe la energía negativa de los chakras y protege contra las influencias negativas sobre su sistema de chakras.

Turmalina rosa - Asociada a la energía divina femenina, la fertilidad, la mejora de las funciones y el desbloqueo del chakra del corazón, la apertura del corazón y un flujo de energía constante y positivo.

Turmalina verde - Mejora las funciones cognitivas y su capacidad para canalizar la fuerza vital hacia su cuerpo. También representa la energía masculina y el amor desde el punto de vista masculino.

Turquesa - Relacionada con el alivio del estrés, la libertad para dejar ir las emociones negativas reprimidas, el empoderamiento, la protección en los viajes y el alivio del dolor, así como con mejores funciones pulmonares.

Conclusión

Como ha aprendido en este libro, una rejilla de cristal no es más que la disposición intencionada de piedras preciosas en un diseño geométrico. Este diseño potencia la energía de los cristales debido a su composición mineral natural. Esta energía se crea por la vibración provocada en su estructura, al igual que las vibraciones que se producen en el interior de su cuerpo. Los cristales utilizan la energía para conectar con cualquier elemento natural de su entorno. Por ejemplo, los cristales pueden ayudarle a enraizarse en la naturaleza y aprovechar su fuerza vital, sanando su propio sistema energético. Cada cristal tiene su propia frecuencia vibratoria, lo que les confiere distintas capacidades curativas.

Cuando se carga con intenciones específicas, un cristal conectará con un chakra asociado al mismo color mineral del que está hecha la piedra. Los chakras son centros que se centran en la energía sutil que fluye por su cuerpo. Representan la forma más sencilla de explorar el sistema energético de una persona. Las rejillas de cristal garantizan un acceso aún más directo a los chakras y una resolución más rápida de sus problemas de salud. Además de las propias piedras, el trabajo con rejillas solo requiere algunas herramientas más que puede adquirir fácilmente o elaborar usted mismo.

Las rejillas pueden ser tan sencillas o complejas como usted quiera, siempre que se ajusten a su intención. Por supuesto, los patrones sencillos son siempre las opciones más seguras para quienes acaban de sumergirse en el trabajo con rejillas. Le enseñarán a preparar su mente para conectar con varios cristales a la vez. Asegúrese también de aprender las funciones de cada cristal mientras practica y evite combinar los inadecuados.

Una vez que domine los fundamentos del trabajo con rejillas, puede pasar a aprender a hacer rejillas de cristal para fines específicos. Por ejemplo, puede crear una rejilla para atraer el amor a su vida o para formar relaciones sanas y enriquecedoras. En cualquier caso, el objetivo será mejorar su capacidad para expresar sus emociones y reconocer los sentimientos de los demás. También puede atraer dinero, buena fortuna y mejores perspectivas profesionales.

Otra forma de utilizar las rejillas de cristal es para conectar espiritualmente con sus antepasados o guías espirituales. Puede ponerse en contacto con ellos para pedirles protección, orientación o que respondan a preguntas concretas. A través de los cristales, puede pedir protección para usted, sus seres queridos o cualquier persona que se dirija a usted, o para una propiedad que considere que puede estar en peligro por una intención maliciosa. Asimismo, trabajar con rejillas de cristal contribuye a su propio desarrollo espiritual. Cuanto más tiempo pase conectado a las piedras curativas, más se elevarán sus vibraciones. Puede continuar hasta que finalmente pueda elevarlas hasta sus chakras superiores.

Por supuesto, solo podrá cosechar todos estos beneficios si cuida bien de sus cristales. Del mismo modo que pueden almacenar, canalizar y potenciar la energía positiva, también pueden acumular energía negativa. Asegúrese de limpiarlos con regularidad para evitar que se mezclen las energías. Si una rejilla se utiliza durante un periodo de tiempo prolongado, deberá canalizar más energía para cargarlos antes de su activación. También es posible que tenga que repetir su intención cada pocos días. De lo contrario, pueden perder energía antes de que se haya cumplido su propósito, obligándole a repetir el proceso una vez más.

Vea más libros escritos por Silvia Hill

Referencias

Lazzerini, E. (2017). El poder de las rejillas de cristal: Aproveche el poder de los cristales y la geometría sagrada para manifestar abundancia, sanación y protección. Createspace Independent Publishing Platform.

Khan, A. (2020, 28 de abril). Los fundamentos de la energía sutil: Los nadis, los chakras y el aura. Well Into Life Massage & Bodywork - en Richmond VA. https://wellintolife.com/the-basics-of-subtle-energy-nadis-chakras-and-the-aura/

Faurote, A. (2020, 31 de octubre). Los beneficios de la curación con cristales. Coveteur: Dentro de los armarios, la moda, la belleza, la salud y los viajes. https://coveteur.com/2020/10/31/crystal-healing-benefits/

|Murray, B. (2017, 5 de septiembre). Guía para principiantes sobre el uso de los cristales. Harper's BAZAAR. http://www.harpersbazaar.co.uk/beauty/fitness-wellbeing/a43244/crystal-healing-beginners-guide/

Kelly, A., & Thomas, S. S. (2018, 9 de abril). ¿Qué son los cristales curativos? Cristales populares y sus significados. Allure. https://www.allure.com/story/healing-crystals-for-beginners

Crystal Visions Store. (s.f.). Una introducción a las rejillas de cristal. Crystal Visions Store. https://crystalvisions.net.au/blogs/an-introduction-to-crystal-grids/an-introduction-to-crystal-grids

Destination Deluxe. (2020, 29 de mayo). La geometría sagrada explicada. Destino Deluxe. https://destinationdeluxe.com/sacred-geometry-explained-healing-benefits/

Flower, S. (2018, 16 de noviembre). Significado de los sólidos platónicos - geometría sagrada. Soul Flower Blog. https://www.soul-flower.com/blog/platonic-solids-meaning-sacred-geometry/

Geometría sagrada: Desvelando las estructuras secretas del universo. (2020, 11 de julio). Ancient Origins. https://www.ancient-origins.net/history-famous-people/sacred-geometry-0013969

Los beneficios de utilizar rejillas de cristal. (s.f.). Rylandpeters. https://rylandpeters.com/blogs/health-mind-body-and-spirit/the-benefits-of-using-crystal-grids

Todic, S. (2020, 23 de octubre). Todo lo que necesita saber sobre las rejillas de cristal. Artículos conscientes. https://consciousitems.com/blogs/practice/everything-you-need-to-know-about-crystal-grids

Wigington, P. (2018, 5 de julio). Cómo hacer y utilizar una rejilla de cristal. Aprenda religiones. https://www.learnreligions.com/how-to-make-a-crystal-grid-4171722

Piedras preciosas para rejillas de cristal o disposiciones curativas - Arkansas crystal works. (2014, 24 de junio). Arkansas Crystal Works - Genn John. https://arkansascrystalworks.com/arkansas-crystal/extras/crystal-for-grids-or-healing-layouts/

Sam, T. +., & Wander, T. (2022, 24 de enero). ¿Qué son los símbolos de geometría sagrada y cómo utilizarlos? Two Wander. https://www.twowander.com/blog/what-are-sacred-geometry-symbols-and-how-to-use-them

Destino Deluxe. (2020, 29 de mayo). La geometría sagrada explicada. Destino Deluxe. https://destinationdeluxe.com/sacred-geometry-explained-healing-benefits/

10 intenciones que debe fijarse para lograr su vida más auténtica. (2015, 11 de enero). Mindbodygreen.

Cassie, P. (s.f.). Cómo crear una rejilla de cristal en 7 pasos. Zennedout.Com. https://zennedout.com/how-to-create-a-crystal-grid-in-7-steps/

Davis, F. (2021, 1 de mayo). Cómo hacer una rejilla de cristal: Pasos, consejos y mejores prácticas. Cosmic Cuts. https://cosmiccuts.com/blogs/healing-stones-blog/how-to-make-a-crystal-grid

de Pietro, M. C. (2018, 2 de octubre). Cómo utilizar rejillas de cristal para maximizar la energía positiva en su hogar. Well+Good. https://www.wellandgood.com/how-to-do-crystal-grids/

Fisher, J. (2020, 27 de febrero). Crystal Grids 101: Cómo hacer una rejilla de cristal para supercargar su vida. Sage Crystals. https://sagecrystals.com/blogs/news/crystal-grids-101-how-to-make-a-crystal-grid

Formtastica, M. (2021, 17 de junio). Guía de 5 pasos para hacer rejillas de cristal. House of Formlab. https://houseofformlab.com/5-step-guide-to-making-crystal-grids/

Guía de las rejillas de cristal. (2013, 8 de noviembre). Crystal Vaults. https://www.crystalvaults.com/crystal-grids/

Hosking, J. (2021, 9 de diciembre). Cómo hacer una rejilla de cristal. Mystic Doorway. https://www.mysticdoorway.com/how-to-make-a-crystal-grid/

Cómo pueden ayudarle los cristales a mantenerse conectado con sus intenciones. (2016, 31 de marzo). Mindbodygreen. https://www.mindbodygreen.com/0-24297/how-crystals-can-help-you-stay-connected-to-your-intentions.html

Cómo hacer una rejilla de cristal: La guía fácil paso a paso. (s.f.). Betterly. https://www.betterly.com/uk/blog/how-to-make-crystal-grid

Cómo crear una rejilla de cristal. (2019, 16 de diciembre). EL GATO MÍSTICO. https://themysticcat.com/info-hub/crystal-grids/setting-up-a-crystal-grid/

Lazzerini, E. (2022, 24 de enero). Piedras centrales de la rejilla cristalina, piedra de enfoque, piedra central. Ethan Lazzerini. https://www.ethanlazzerini.com/crystal-grid-central-stones/

Leavy, A. (2021, 19 de julio). Cómo crear y utilizar una rejilla de cristal (paso a paso) - love & light school of crystal therapy. Escuela de amor y luz de cristaloterapia. https://loveandlightschool.com/how-to-create-use-a-crystal-grid-step-by-step/

La guía práctica para el uso de la rejilla de cristal. (2021, 8 de febrero). Serena Loves. https://serenaloves.com/the-how-to-guide-for-crystal-grid-use/

Esta rejilla de cristal es la clave para desbloquear su bravucón interior. (2017, 16 de mayo). Mindbodygreen. https://www.mindbodygreen.com/articles/crystal-grid-how-to/

Wigington, P. (2018, 5 de julio). Cómo hacer y utilizar una rejilla de cristal. Aprenda religiones. https://www.learnreligions.com/how-to-make-a-crystal-grid-4171722

(s.f.). Almanacsupplyco.Com. https://almanacsupplyco.com/blogs/articles/how-to-make-a-crystal-grid

Davis, F. (2021, 20 de septiembre). Cree una rejilla cristalina para el amor con estos cristales y consejos. Cosmic Cuts. https://cosmiccuts.com/blogs/healing-stones-blog/crystal-grid-for-love

Faber, L. (2019, 30 de octubre). ¿Por qué algunas piedras preciosas se asocian con la mala suerte? Asociación Gemológica de Gran Bretaña. https://gem-a.com/gem-hub/gem-knowledge/why-are-some-gemstones-associated-with-bad-luck

Febrero. (s.f.). PIEDRAS PRECIOSAS PARA EL AMOR: Cristales que apoyan y atraen el romance ♥. Mexicali Blues. https://www.mexicaliblues.com/blogs/our-stories-mexicali-blues-blog/gemstones-for-love-crystals-that-support-attract-romance

Leavy, A. (2020, 23 de febrero). Receta de rejilla de cristales para la sanación emocional - love & light school of crystal therapy. Escuela de Amor y Luz de Cristaloterapia. https://loveandlightschool.com/crystal-grid-for-emotional-healing-recipe/

M., X. (2021, 3 de febrero). Los mejores cristales y piedras preciosas para el amor y la seducción. Villagerockshop.Com. https://www.villagerockshop.com/blog/crystals-for-love-seduction/

Rogers, J. S. (2016, 5 de febrero). Cree una rejilla de cristales para nutrir el apoyo y el amor propio. Jodi Sky Rogers. https://jodiskyrogers.com/2016/02/05/create-a-crystal-grid-for-nurturing-support-and-self-love/

Zelikson, A. (s.f.). 8 poderosas piedras preciosas para el amor de San Valentín. INAYA. https://inayajewelry.com/blogs/news/74748165-8-powerful-gemstones-for-valentines-day-love

(s.f.-a). Tinyrituals.Co.

(s.f.-b). Tinyrituals.Co.

Camille. (2021, 30 de septiembre). 6 diseños sencillos de rejillas de cristal para la abundancia. Ritual de curación con cristales. https://www.crystalhealingritual.com/crystal-grid-for-abundance/

Chee, C. (2021, 27 de septiembre). Los 10 mejores cristales para el dinero: Piedras para atraer la riqueza y la prosperidad. Blog de Truly Experiences; Truly Experiences. https://trulyexperiences.com/blog/crystals-for-money/

Dhiman, P. L. (2020, 9 de agosto). 3 formas de utilizar sus chakras para ganar más dinero. Linkedin.Com; LinkedIn. https://www.linkedin.com/pulse/3-ways-you-can-use-your-chakras-make-more-money-pooja-l-dhiman/

Lazzerini, E. (2017). El poder de las rejillas de cristal: Aproveche el poder de los cristales y la geometría sagrada para manifestar abundancia, sanación y protección. Createspace Independent Publishing Platform.

Lazzerini, E. (2018, 24 de marzo). Rejilla de cristales para el éxito en los negocios, el trabajo y la carrera profesional. Ethan Lazzerini. https://www.ethanlazzerini.com/crystal-grid-for-success/

Omstars. (2019, 17 de septiembre). Cómo su energía Chakra podría estar afectando su libertad Financiera. OmStars. https://omstars.com/blog/business-of-yoga/how-your-chakra-energy-could-be-affecting-your-financial-freedom/

Shrimali, N. (2021, 4 de junio). 9 mejores cristales para el éxito profesional y la buena suerte en la vida. Tocrystal. https://tocrystal.com/blog/best-crystals-for-career-success/

Árbol de la vida rejilla de cristal. (s.f.). Crystal Life. https://www.crystal-life.com/product/crystal-grid-tree-of-life/

¿Quiere manifestar más dinero? Asegúrese de tener los cristales adecuados. (2017, 24 de abril). Mindbodygreen. https://www.mindbodygreen.com/0-29486/want-to-manifest-more-money-make-sure-you-have-the-right-crystals.html

¿Qué chakra está relacionado con la carrera? (s.f.). Phoebegreenacre.Com. https://phoebegreenacre.com/blog/chakra-related-to-career/

(s.f.). Tinyrituals.Co. https://tinyrituals.co/blogs/tiny-rituals/crystals-for-money-17-stones-to-create-true-prosperity

Rekstis, E. (2022, 21 de enero). Todo lo que necesita saber sobre los cristales curativos y sus beneficios. Healthline. https://www.healthline.com/health/mental-health/guide-to-healing-crystals

Leavy, A. (2021, 9 de febrero). Una receta de rejilla de cristal para el bienestar. Escuela de Cristaloterapia Amor y Luz. https://loveandlightschool.com/a-crystal-grid-recipe-for-wellness/

Estrada, J. (2021, 16 de febrero). 10 tipos de cristales para la curación, el amor propio, la limpieza energética y la positividad. Well+Good. https://www.wellandgood.com/types-crystals/

Davis, F. (2020, 21 de diciembre). El significado espiritual de las formas de la geometría sagrada y los sólidos platónicos. Cosmic Cuts. https://cosmiccuts.com/blogs/healing-stones-blog/sacred-geometry-shapes

M., X. (2019, 16 de diciembre). Kit de rejilla de cristal para la curación. Villagerockshop.Com. https://www.villagerockshop.com/blog/crystal-grid-kit-for-healing/

M., X. (2020, 25 de febrero). Piedras para dulces sueños - Rejilla de cristales para dormir. Villagerockshop.Com. https://www.villagerockshop.com/blog/crystal-grid-for-sleep/

Brewer, S. (2021, 12 de julio). Cómo utilizar una rejilla de cristal para la atención plena. STEAM Powered Family. https://www.steampoweredfamily.com/brains/how-to-use-a-crystal-grid-for-mental-health/

Davis, F. (2021, 2 de febrero). 10 cristales para la intuición y la capacidad psíquica: Aproveche su poder innato. Cosmic Cuts. https://cosmiccuts.com/blogs/healing-stones-blog/crystals-for-intuition-psychic-ability

Wigington, P. (s.f.). 4 tipos de guías espirituales que debería conocer. Aprenda religiones. https://www.learnreligions.com/what-is-a-spirit-guide-2561758

Deluxe, D. (2020, 29 de mayo). Explicación de la geometría sagrada. Destination Deluxe. https://destinationdeluxe.com/sacred-geometry-explained-healing-benefits/

Aletheia. (2018, 5 de febrero). 7 tipos de Guías Espirituales (y cómo conectar con ellos). LonerWolf. https://lonerwolf.com/spirit-guides/

Richardson, T. C. (2021, 17 de marzo). 6 tipos de guías espirituales y cómo comunicarse con ellos. Mindbodygreen. https://www.mindbodygreen.com/0-17129/how-to-effectively-communicate-with-your-spirit-guides.html

Todic, S. (2021, 6 de julio). Geometría sagrada: Símbolos y formas y beneficios curativos explicados. Conscious Items. https://consciousitems.com/blogs/lifestyle/sacred-geometry-healing-explained

Cómo hacer su propia rejilla de cristal. (s.f.). Energymuse.Com. https://www.energymuse.com/blog/crystal-grids

Hunter, D. (2017, 17 de julio). Siete piedras para invocar espíritus. Llewellyn Worldwide. https://www.llewellyn.com/journal/article/2641

Healing Crystals, www.healingcrystals.com. (s.f.). Cristales para la comunicación con los espíritus. Healingcrystals.Com https://www.healingcrystals.com

Lapidos, R. (2019, 26 de marzo). Cómo comunicarse con los espíritus, según una médium. Well+Good. https://www.wellandgood.com/how-to-communicate-with-spirits/

Snider, A. C. (2018, 20 de marzo). Patrones geométricos sagrados que le harán uno con el mundo. Culture Trip; The Culture Trip. https://theculturetrip.com/north-america/usa/articles/sacred-geometrical-patterns-that-will-make-you-at-one-with-the-world/

Kahn, N. (2018, 25 de diciembre). Aquí tiene exactamente dónde debería guardar sus cristales en casa. Bustle. https://www.bustle.com/life/where-should-i-keep-my-crystals-heres-a-room-by-room-guide-for-which-crystals-work-best-in-your-home-15525339

Lazzerini, E. (2017a). El poder de las rejillas de cristal: Aproveche el poder de los cristales y la geometría sagrada para manifestar abundancia, sanación y protección. Createspace Independent Publishing Platform.

Lazzerini, E. (2017b, 20 de octubre). Rejilla cristalina de protección para el hogar con turmalina negra. Ethan Lazzerini. http://www.ethanlazzerini.com/home-protection-crystal-grid/

Neese, A. (2016, 4 de octubre). Cómo utilizar cristales en su hogar. Parachutehome.Com; Parachute Home. https://www.parachutehome.com/blog/four-crystals-for-home

Consejos y trucos para almacenar cristales en casa. (s.f.). Stonebridge Imports.

https://stonebridgeimports.com/a/658-gemstone-display-and-storage-tips-and-tricks

Su guía de la A Importe la Z para la curación con cristales en casa en tiempos de estrés. (2017, 20 de junio). ELLE. https://www.elle.com/uk/life-and-culture/culture/articles/a31572/what-are-healing-crystals-how-to-use-them/

(s.f.). Tinyrituals.Co. https://tinyrituals.co/blogs/tiny-rituals/protection-crystals-for-the-home

(s.f.). Healingcrystalsco.Com. https://www.healingcrystalsco.com/blogs/blog/crystal-grids-complete-guide

Núñez, K. (2020, 14 de julio). Piedras para el chakra de la garganta: Qué son y cómo utilizarlas. Healthline. https://www.healthline.com/health/health-benefits-of-throat-chakra-stones

Moore, R. (2021, 13 de agosto). La luna llena y la carga de sus cristales. Quirk Books. https://www.quirkbooks.com/full-moon-and-charging-your-crystals/

Guía de piedras curativas - Una lista completa. (s.f.). Moonmagic.Com. https://moonmagic.com/blogs/news/healing-stones

emilygardner. (2021, 8 de febrero). Guía práctica para el uso de la rejilla de cristal. Serena Loves. https://serenaloves.com/the-how-to-guide-for-crystal-grid-use/

Murray, B. (2017, 5 de septiembre). Guía para principiantes sobre el uso de los cristales. Harper's BAZAAR. http://www.harpersbazaar.co.uk/beauty/fitness-wellbeing/a43244/crystal-healing-beginners-guide

www.ingramcontent.com/pod-product-compliance
Lightning Source LLC
Chambersburg PA
CBHW070336010526
44107CB00004B/524